舰船海上避碰导读

THE GUIDANCE FOR SHIP COLLISION AVOIDANCE AT SEA

高元博　编

国防工业出版社

·北京·

内容简介

为了进一步帮助大家总结和整理海上避碰知识，掌握海上安全戒备、避碰责任划分和避碰行动方法等具体规定，提高海上避碰的实践能力，加深对《1972 年国际海上避碰规则》的理解，本书在总结归纳相关知识点的基础上，对重点和难点问题进行强调和简明扼要的说明，并在每章附有大量的练习题，以期大家在学习和备考时，用最短的时间达到熟练掌握的程度。

图书在版编目（CIP）数据

舰船海上避碰导读/高元博编．—北京：国防工业出版社，2024．4

ISBN 978-7-118-13142-0

Ⅰ．①舰…　Ⅱ．①高…　Ⅲ．①船舶航行—避碰规则
Ⅳ．①U692．1

中国国家版本馆 CIP 数据核字（2024）第 067002 号

※

国防工业出版社出版发行

（北京市海淀区紫竹院南路 23 号　邮政编码 100048）

北京虎彩文化传播有限公司印刷

新华书店经售

*

开本 710×1000　1/16　**印张** 14½　**字数** 256 千字

2024 年 4 月第 1 版第 1 次印刷　**印数** 1—1000 册　**定价** 98.00 元

国防书店：（010）88540777　　书店传真：（010）88540776

发行业务：（010）88540717　　发行传真：（010）88540762

前　言

碰撞是最主要的舰船航行安全事故，是舰船安全的大敌。对于我海军而言，舰艇是各类武器的装载和使用平台，是确保武器正常使用的基本保障，碰撞事故不仅会造成人身和财产损失，更会影响各类武器的使用效能。通过对海上碰撞事故分析可知，提高舰艇相关人员的专业水平和能力，是避免发生碰撞事故、确保武器正常使用的前提和基础。

《1972 年国际海上避碰规则》（以下简称《规则》）是海上避碰的国际性法规，对海上避碰具有指导和规范作用，舰艇也应严格遵守和执行。为便于舰艇相关专业人员学习《规则》，近年来，已陆续编写出版了《船舶航行安全与避碰》《舰艇操纵与避碰》和《水面舰艇操纵》等图书，这些图书都对《规则》进行了系统的阐述和解释，并不同程度地结合海上实际，介绍了海上避碰的具体组织与实施方法，可帮助大家理解《规则》的基本内容和基本知识，掌握海上安全戒备、避碰责任划分和避碰行动方法等具体规定，以提高海上避碰的实践能力。

为进一步帮助读者总结和整理海上避碰知识，加深对《规则》的理解，并通过大量练习达到熟练掌握的程度，在已有图书的基础上编写了本书。编写本书的目的是总结归纳相关知识点，对重点和难点问题进行强调和简明扼要的说明，因此，本书没有对《规则》进行逐条、逐款的详细解释，而是有选择地予以阐述，并在每章后附有大量的习题，以期读者在学习和备考时，用最短的时间取得更好的效果。

本书由海军大连舰艇学院航海系高元博编写，在编写过程中，力求重点突出、讲解清晰、贴近实际需要。但由于编者水平所限，难免有疏漏和不当之处，敬请各位专家和读者批评指正。

编　者

2022 年 10 月

目　　录

第一章　总　则

第一条　适用范围

1. 本规则条款适用于公海和连接于公海并可供海船航行的一切水域中的一切船舶。

2. 本规则条款不妨碍有关主管机关为连接于公海而可供海船航行的任何港外锚地、港口、江河、湖泊或内陆水道所制定的特殊规定的实施。这种特殊规定,应尽可能符合本规则条款。

3. 本规则条款不妨碍各国政府为军舰及护航下的船舶所制定的关于额外的队形灯、信号灯、号型或笛号,或者为结队从事捕鱼的渔船所制定的关于额外的队形灯、信号灯、号型或任何特殊规定的实施。这些额外的队形灯、信号灯、号型或笛号,应尽可能不致被误认为本规则其他条文所规定的任何号灯、号型或信号。

4. 为实施本规则,本组织可以采纳分道通航制。

5. 凡经有关政府确定,某种特殊构造或用途的船舶,如不能完全遵守本规则任何一条关于号灯或号型的数量、位置、能见距离或弧度以及声号设备的配置和特性的规定时,则应遵守其政府在号灯或号型的数量、位置、能见距离或弧度以及声号设备的配置和特性方面为之另行确定的、尽可能符合本规则所要求的规定。

一、《规则》条文与知识点解读

(一) 适用的水域

《规则》适用于公海和连接于公海并可供海船航行的一切水域。

《规则》适用的水域有两个条件:一是与公海连接;二是可供海船航行。这两个条件缺一不可。

(1)“连接于公海并可供海船航行的一切水域”,通常是指专属经济区、领海、内海以及与领海、内海相连接并可供海船航行的港口、江河、湖泊等一切内陆水域。尽管适用的水域包括公海、专属经济区、领海、内海、江河、湖泊、港口、港外锚地以及其他一切内陆水道,但是,并不是所有这些水域都是《规则》适用的水域,因为其中有些水域并不满足上述两个条件。

(2)“可供海船航行的一切水域”,并非一定是指事实上海船航行的水域,而是指海船能够到达的水域,即水域应该与海洋相通,包括海洋水域和与之相通的内陆水域。“海船”通常是指专门从事海上运输或海上作业的一切船筏，不管其种类如何、吨位大小，即使是一艘小海船，也属于该范畴。

（3）“连接”是指不一定直接连接（如领海或专属经济区与公海相连），也包括间接连接（如港口、江河、湖泊与公海相连）。

（二）适用的船舶

《规则》适用的船舶，是在上述适用水域中的一切船舶。根据《规则》第三条第1款对“船舶”一词的定义，不论船舶种类、大小、形状、结构、推进方式或用途如何，只要其用作或者能够用作水上运输工具，均属于适用的船舶。

（1）适用的船舶，既包括海船，也包括内河船舶；既包括大船，也包括小型船筏；既包括机器推进的船舶，也包括划桨、驶帆等非机动船舶；既包括从事航行的船舶，也包括海上钻井平台等；既包括排水船舶，也包括非排水船舶。

（2）不论船舶处于在航状态，还是处于锚泊、搁浅和系泊状态，均为《规则》适用的船舶，但不包括处于水下的潜水艇、在空中飞行的水上飞机、沉船，以及在船厂中正处于建造或维修中的船舶。

（3）军用舰船和政府公务船也是《规则》的适用对象，不管战时还是平时，也不论是否在执行公务，这些船舶均是《规则》适用的船舶，应严格地遵守本规则各条规定。

（三）特殊规定

（1）本条第2款的“特殊规定”，意指各沿海国政府的主管机关在其管辖的水域中所制定的“地方规则”，而不是船旗国的规定。例如，我国的《内河避碰规则》和各港《港章》等，均属于“特殊规定”。

（2）可以制定特殊规定的水域，限于港外锚地、港口、江河、湖泊或内陆水道。港外锚地有可能位于领海之外而处于公海之中，但其主管机关可以为其制定特殊规定。内陆水道，通常是指领海基线以内水域中的水道。

（3）《规则》并没有给予沿海国主管机关可以在领海内的开阔水域制定特殊规定的权利。

（4）《规则》明确要求，在制定特殊规定时，“应尽可能符合本规则条款”。特殊规定可以有别于《规则》，但应尽可能减少与《规则》的不同，目的是充分发挥《规则》在统一各国航行法规与船员通常做法上的有效作用，增强统一性，使海员能够迅速、容易地理解、掌握特殊规定，减少由于规定不统一而引起的混乱。

（5）就《规则》和特殊规定的关系而言，如果两者规定不一致，特殊规定应优先适用，对特殊规定未规定的事项，则《规则》适用。

（四）额外的队形灯、信号灯、号型或笛号

（1）《规则》第一条第3款允许制定额外队形灯、信号灯、号型或笛号的船舶仅限于军舰及护航下的船舶、结队从事捕鱼的渔船。但应注意的是，可以为结队从事捕鱼的渔船制定的额外灯号不包括笛号。

（2）制定本条第 2 款“特殊规定”的是各国的主管机关，而制定本条第 3 款额外队形灯、信号灯、号型或笛号的应是各国政府。

（3）需要注意的是，本条第 2 款“特殊规定”应尽可能符合《规则》的要求，即应尽可能与《规则》一致，而第 3 款额外的队形灯、信号灯、号型或笛号应尽可能不致被误认为是《规则》的规定，即应尽可能与《规则》规定的任何号灯、号型或信号区分开。

（4）“额外”一词表明只能增加信号，不能代替《规则》有关号灯号型、声响和灯光信号的规定，即军舰及护航下的船舶、结队从事捕鱼的渔船在按照《规则》要求显示规定的号灯、信号灯、号型及鸣放规定的笛号之外，再显示其他的队形灯、信号灯、号型或笛号。例如，我军舰艇目前使用值班舰灯（紫色环照灯）等就属于额外的号灯。

（5）《规则》附录二中“在相互邻近处捕鱼的渔船额外信号”，应作为《规则》规定的信号看待，不应包括在本条第 3 款“额外的队形灯、信号灯、号型或笛号”的范畴。

（五）特殊构造或用途船舶的号灯号型与声号设备

（1）与本条第 3 款“额外的队形灯、信号灯、号型或笛号”相同的是，可以确定特殊构造或用途船舶号灯号型与声号设备的是各国政府，而不是有关主管机关。特殊构造或用途的船舶主要是指军舰、专用作业船舶和某些新型船舶等。

（2）各国政府可以另行规定的是号灯或号型的数量、位置、能见距离或角度以及声号设备的配置和特性。例如，航空母舰的桅灯由于其驾驶台偏于一舷侧而不能在首尾中心线上设置，两盏舷灯的间距比《规则》规定的要小，舷灯可设在船体的两侧或岛形建筑物的两侧，锚灯可设 4 盏装设在首尾 4 个角上，可见的水平光弧不小于 180°；许多长度超过 50m 的军舰不设置两盏桅灯；潜艇的前桅灯往往低于舷灯；一些滚装船因其驾驶台位于船首从而使舷灯超前于前桅灯。

（3）各缔约国政府为特殊构造或用途船舶另作的规定，应“尽可能符合本规则所要求的规定”，即应尽可能与《规则》的规定相一致或接近。

（六）分道通航制

（1）凡经国际海事组织采纳的分道通航制，必须遵守《规则》第十条的规定。

（2）各国主管机关在本条第 2 款水域中自行设立的分道通航制，如未经国际海事组织采纳，应视为本条第 2 款的“特殊规定”。

（3）各国主管机关在本条第 2 款水域之外自行设立的分道通航制，不具有法律效力，遵守这类分道通航制规定是良好船艺的表现。

（七）对非机动船的特别说明

我国在加入《国际海上避碰规则公约》时，对我国的非机动船作了保留，即《规则》不适用于我国的非机动船,并制定了《中华人民共和国非机动船舶海上安全航行暂行规则》。我国的非机动船,无论处于哪一水域,均应遵守该暂行规则,除非受到其他特殊规定的限制。反过来看,外籍的非机动船,即使在我国的领海内航行,也不受该暂行规则的约束,而应执行我国的其他特殊规定和《规则》。

由于船舶所在水域可能有非机动船航行或作业,并且《中华人民共和国非机动船舶海上安全航行暂行规则》也有与机动船有关的规定,因此,机动船驾驶员也应全面掌握该暂行规则。对于机动船而言,该暂行规则属于特殊规定,与《规则》是相互补充而不是取代关系,在两者规定不一致时,应优先适用该暂行规则。

《中华人民共和国非机动船舶海上安全航行暂行规则》主要包括以下规定。

1. 适用范围

凡使用人力、风力、拖力的我国的非机动船,在海上从事运输、捕鱼或者其他工作,都应当遵守本规则,但在港区内航行时,应当遵守港章的规定。

2. 号灯号型

(1) 非机动船在夜间航行、锚泊时,应在容易被看见的地方悬挂一盏明亮的白光环照灯。如果因为天气恶劣或者受设备的限制,不能固定悬挂白光环照灯,必须将灯点好放在手边,以备应用;在与他船接近时,应当及早显示灯光或者手电筒的白色闪光或者火光,以防碰撞。

(2) 非机动船已经设置红绿舷灯、尾灯或者使用合色灯的,仍应继续使用。

(3) 非机动渔船,在白天捕鱼时,应在容易被看见的地方悬挂一只竹篮,当发现他船驶近时,应当用适当信号指示渔具延伸方向;使用流网的渔船,还要在流网延伸末端的浮子上,系一面小红旗;在夜间捕鱼时,应在容易被看见的地方悬挂一盏明亮的白光环照灯,当发现他船驶近时,向渔具延伸方向,显示另一白光。

3. 声响信号

非机动船在有雾、下雪、暴风雨或者其他任何视线不清楚的情况下,不论白昼或者夜间,都应当执行下列规定。

(1) 在航行时,应每隔约 1min 连续发放雾号响声(如敲锣、敲梆、敲煤油桶、吹螺、吹雾角、吹喇叭等)约 5s。

(2) 在锚泊时,如果听到来船雾号响声,应当有间隔地、急促地发放响声,以引起来船注意,直到驶过为止。

(3) 在捕鱼时,也应当依照前两项的规定执行。

4. 避让责任

(1) 两艘帆船相互驶近,如有碰撞的危险,顺风船应当避让逆风打抢、掉抢的船;左舷受风打抢的船,应当避让右舷受风打抢的船;两船都是顺风,不同舷受风时,左舷受风的船应避让右舷受风的船;同舷受风时,上风船应当避让下风船;船尾受风的船应避让其他船舷受风的船。

（2）航行中的非机动船，应当避让用网、曳绳钓或者拖网进行捕鱼作业的非机动渔船。

（3）非机动船与机动船相互驶近，如有碰撞危险，机动船应当避让非机动船。但非机动船应避让下列机动船：从事起捞、安放海底电线或者航行标志的机动船；从事测量或者水下工作的机动船；操纵失灵的机动船；用拖网捕鱼的机动船；被追越的机动船。

5. 遇难信号

非机动船在海上遇难，需要他船或者岸上援救时，应显示下列信号。

（1）用任何雾号器具连续不断发放响声。

（2）连续不断燃放火光。

（3）将衣服张开，挂上桅顶。

二、习题

1.《规则》适用的水域是指________。

A. 海洋

B. 与海洋连接，并可供海船航行的一切水域

C. 海船所能到达的一切水域

D. 连接公海，并可供海船航行的一切感潮水域

2.《规则》除适用于公海之外，还适用于________。

A. 与公海相连接，仅供海船航行的一切水域

B. 领海、内河、江海、湖泊、港口、港外锚地以及一切内陆水域

C. 港口当局管辖的一切水域

D. 可供海船航行的一切水域

3.《规则》适用的船舶是指________。

A. 海船

B. 在公海以及连接公海而可供海船航行的一切水域中的一切在航船舶

C. 除内河船舶之外的任何船舶

D. 在公海以及连接公海而可供海船航行的一切水域中的一切在航与不在航的船舶

4. 下列哪一种船舶应执行《规则》?

A. 在海面作超低空飞行的水上飞机

B. 脱离水面处于非排水状态下的气垫船

C. 在海面以下潜航的潜艇

D. 系靠港口码头的海船

5. 下列哪些说法是正确的?

A. 在战争时期,军用舰艇可以不执行《规则》

B. 在执行公务时,政府公务船可以不执行《规则》的任何规定

C. A、B 都对

D. A、B 都不对

6. 下列哪种船舶应遵守《规则》?

A. 在海面作超低空飞行的水上飞机

B. 脱离水面处于非排水状态下的气垫船

C. 在海面以下潜航的潜艇

D. 正在船厂中修理的船舶

7. 船舶进入某港口管辖的水域后,应________。

A. 只遵守《规则》

B. 只遵守港章的规定

C. 在遵守港章的基础上,还应遵守《规则》

D. 应根据具体情况决定遵守《规则》还是遵守港章

8. 船舶航行在连接于公海而可供海船航行的一切水域中,必须遵守________。

A.《规则》,当《规则》受到地方规则限制时,应遵守地方规则

B.《规则》和地方规则

C. 地方规则

D.《规则》

9. 下列哪种说法是正确的?

A.《规则》优先于地方规则

B.《规则》不适用于港口、江河、湖泊或内陆水域,因为这些水域受地方规则的约束

C.《规则》适用于与公海连接的,并可供海船航行的一切港口、江河、湖泊或内陆水域,但《规则》受到地方规则的限制

D. 当你驾驶一艘船舶进入制定有地方规则的水域时,不必考虑《规则》的任何规定

10. 当船舶驶入有特殊规定的港口,应遵守:Ⅰ. 国际海上避碰规则;Ⅱ. 港口特殊规定;Ⅲ. 船旗国的规定。

A. Ⅰ对

B. Ⅱ对

C. Ⅰ和Ⅱ对

D. Ⅱ和Ⅲ对

11. 下列哪种说法是正确的?

A. 军舰、公务船可不遵守《规则》

B. 我国承认《规则》时作了保留的船舶可不遵守《规则》

C. A 和 B 都对

D. A 和 B 都错

12. 由于我国在承认《规则》时对非机动船作了保留,因而________。

A. 我国的非机动船不受该规则的约束

B. 我国的非机动船不受《规则》有关号灯、声响信号规定的约束

C. 在公海航行时,我国的非机动船仍应全面执行《规则》的规定

D. 在邻国水域航行时,我国的非机动船仅受我国有关规定的约束

13. 外籍的非机动船进入我国领海时,________。

A. 应全面执行《中华人民共和国非机动船舶海上安全航行暂行规则》

B. 应执行《规则》以及有关的地方规则

C. A 和 B 都对

D. A 和 B 都不对

14. 下列哪种说法是正确的?

A. 各国有关主管机关有权在本国的领海制定一些可能与《规则》不符的特殊规定

B. 由于《规则》在总则中未提及"领海"一词,因而一国制定在领海的特殊规定是《规则》所不允许的

C. 由于各国共同使用公海的权利,因而,各国政府也有权制定在公海的一些特殊规定

D. 由于航运的需要,沿海国政府有权在公海设置"港外锚地"

15. 下列哪种说法是正确的?

A. 军舰及护航下的船舶仅显示其政府规定的号灯、号型是不符合《规则》规定的

B. 结队从事捕鱼的渔船不但应按《规则》规定显示号灯、号型,还可以显示所在国政府为其制定的额外的号灯或号型

C. A 和 B 都对

D. A 和 B 都不对

16. 为港外锚地、港口、江河等所制定的特殊规定,应________。

A. 由主管机关制定

B. 尽可能符合《规则》各条文

C. A 和 B 都对

D. A 和 B 都不对

17. 港口或港外锚地的特殊规定,应是________。

A. 国际海事组织所采纳的

B. 有关主管机关制定的

C. A 和 B 都对

D. A 和 B 都不对

18. 某种特殊构造或用途的船舶在号灯或号型的数量、位置等方面做出的另行规定应经哪个组织确定?

A. 国际海事组织

B. 有关船公司

C. 有关政府

D. 有关船级社

19. 下列哪种说法是正确的?

A. 任何特殊构造或用途的船舶,只要其政府确定,即可自行制定有关号灯、号型的配置、安装等技术方面的规定

B. 有关政府有权为其管辖下的任何特殊构造或用途的船舶制定任何有关号灯、号型的数量、位置、能见距离、角度的规定

C. A 和 B 都对

D. A 和 B 都不对

20. 为某种特殊构造或用途的船舶所作的另行规定,应________。

A. 尽可能符合规则的要求

B. 尽可能不致被误认为《规则》的其他条文

C. 不受《规则》的限制

D. 根据实际需要

21. 各国政府为军舰及护航下的船舶所制定的额外的队形灯、信号灯、号型或笛号,应________。

A. 不受《规则》的限制

B. 尽可能符合《规则》各条文

C. 根据实际需要而定

D. 尽可能不致被误认为《规则》其他条款的规定

22.《规则》各条不妨碍各国政府为下列哪些船舶制定的关于额外的队形灯、信号灯、号型或笛号的任何特殊规定的实施?

A. 军舰及护航下的船舶

B. 结队从事捕鱼的渔船

C. A 和 B 都对

D. A 和 B 都不对

23.《规则》不妨碍各国政府为结队从事捕鱼的船舶所制定的关于额外的

________的任何特殊规定的实施。

A. 队形灯或笛号

B. 队形灯、信号灯或笛号

C. 队形灯、信号灯、号型或笛号

D. 队形灯、信号灯或号型

三、习题答案

1. B；2. A；3. D；4. B；5. D；6. B；7. C；8. A；9. C；10. C；11. B；12. A；13. B；14. B；15. C；16. C；17. B；18. C；19. B；20. A；21. D；22. A；23. D。

第二条　责　　任

1. 本规则条款并不免除任何船舶或其所有人、船长或船员由于遵守本规则条款的任何疏忽，或者按海员通常做法或当时特殊情况所要求的任何戒备上的疏忽而产生的各种后果的责任。

2. 在解释和遵行本规则条款时，应充分考虑一切航行和碰撞的危险以及包括当事船舶条件限制在内的任何特殊情况，这些危险和特殊情况可能需要背离本规则条款，以避免紧迫危险。

一、《规则》条文与知识点解读

（一）责任主体

除船舶外，《规则》不免除船舶所有人、船长和船员由于疏忽而产生的各种后果的责任。

（二）疏忽的种类

1. 遵守《规则》条款的任何疏忽

该疏忽是指在履行《规则》时，由于对规则条文理解不全面、不准确，或是由于不认真遵守《规则》各条规定，在客观上违反《规则》的条文规定，致使产生各种后果。

（1）对号灯、号型、声响和灯光信号，没有按时显示、鸣放或解除，或没有按规定显示或鸣放，或显示或鸣放错误，或损坏没发现或未及时修复等。例如，没有按规定鸣放声响信号；在互见中，直航船不鸣放“五短声”警告信号就“独自采取操纵行动”的做法。

（2）没有保持正规的瞭望，对碰撞危险没有作出充分的估计。例如，夜间航行时不保持正规的瞭望。

（3）在任何能见度情况下没有使用安全航速行驶。例如，在能见度良好的宽阔水域中，机动船遇到密集的渔船群时，没有备车减速而发生碰撞。

(4) 没有遵守避免碰撞的行动规定,没有遵守在互见中或能见度不良时的行动规则。例如,在互见中,直航船发觉让路船显然没有遵守《规则》采取适当行动时,仍然保持航向、航速行驶,消极等待。

(5) 没有遵守狭水道或分道通航制的规定。

2. 海员通常做法所要求的任何戒备上的疏忽

海员通常做法包括的范围极广,不仅包括良好船艺的内容,还包括各种情况下应有的戒备和要求。这方面的疏忽,是指海员缺乏应有的航海知识和技能,或者应该做到的而没有做到,或者应该预料到的没有预料到,因而没有保持应有戒备、没有采取预防措施。

(1) 对舵令不复诵、不核对。

(2) 在尚未适应"夜视",或在对周围环境和情况不了解的情况下进行交接班,或在避碰过程中交接班。

(3) 在狭水道航行、进出港、渔船密集区时没有备车、备锚,或没有加派瞭望人员等。

(4) 在狭水道的弯头或地段会船。

(5) 在狭水道中,在被追越船不同意追越时强行追越。

(6) 在不能安全追越的水域地段或环境条件下盲目追越另一艘船。

(7) 不熟悉本船的操纵性能和本船条件限制而盲目用车用舵,或对风流和外界自然条件可能对本船操纵产生的影响缺乏充分的估计和应有的戒备。

(8) 在与他船会遇而可能要采取避碰行动的情况下未将自动操舵改为手动操舵,或未及时通知机舱备车。

(9) 进入锚地时,没有给正在抛锚或走锚的船舶留出足够的活动水域。

(10) 在可能危及其他船舶行驶的地方抛锚。

(11) 在强风、强流中没有远离他船锚泊,或没有放出足够的链长以防止走锚。

(12) 锚泊时,在风大流急情况下没有备车,没有备另一锚。

(13) 锚泊船在他船逼近本船时未及时鸣放声号警告他船。

3. 当时特殊情况所要求的任何戒备上的疏忽

该疏忽是指对当时的特殊情况缺乏应有的戒备。其包括应预见到但未预见到会出现的特殊情况出现时,未采取该特殊情况所要求的戒备措施;或者虽然预见到可能会出现特殊情况,但没有任何戒备或虽有戒备但采取的戒备措施不充分;或者出现特殊情况后未采取任何戒备措施或戒备措施不当等。

(1) 在狭水道或通航密度大的水域航行时,对避让他船而与第三船构成紧迫局面的情况缺乏戒备。

(2) 锚泊中不注意他船动态,其他的锚泊船走锚危及本船。

(3) 对他船违背《规则》的行动缺乏戒备。

(4) 没有注意浅水效应和防止发生船吸、岸吸。

(5) 航行中忙于定位,在海图室停留时间过长,以致发现来船太晚而避让不及,发生碰撞。

(6) 未估计到夜间在邻近处会突然出现不点灯的小船或突然显示灯光的小船,或未估计到在雾中雷达上本船邻近处会突然出现小船或木船的回波,或未估计到在雾中雷达上一直没有发现他船回波的情况下会突然听到他船的雾号声,并且在上述情况下仓促行动。

(7) 未估计到处于会遇中的两船在未构成碰撞危险的情况下因本船或他船失控而造成紧迫局面。

(8) 未估计到会遇两船刚相互驶过(刚通过会遇最近点)却因一船出于航行目的(如到达计划航线上的转向点)而改变航向造成新的碰撞危险。

(9) 当与他船处于右舷对右舷的对遇局面中,未估计到他船会采取违反《规则》的左转行动。

(10) 在岛礁区、狭水道等受限水域中航行时,未估计到环境及各种航行障碍物可能对船舶避让的影响和限制。

(三) 危险程度划分

按照接近过程,船舶的危险程度可分为碰撞危险、紧迫局面和紧迫危险。

1. 碰撞危险

碰撞危险是指两船接近到如果不采取行动已不能在安全距离驶过的局面。

对于长度大于 50m 的船舶,当在宽阔的水域中,互见时一般距离 3n mile (1n mile=1852m)应已构成;能见度不良时,对正横及正横前来船在 4~6n mile 时应已构成,对正横后来船在 3n mile 应已构成。当水域受限、船舶密度较大、船舶较小时,构成碰撞危险的距离应适当近些。

2. 紧迫局面

紧迫局面是指当两船接近到单凭一船的行动已不能在安全距离上驶过的局面。

对于长度大于 50m 的船舶,当在宽阔的水域中,互见时一般距离 2n mile 应已构成,有时认为 1n mile 也可接受;能见度不良时,对正横及正横前来船在 3~4n mile 时应已构成,或者以 2~3n mile 为外界,对正横后来船至少在 2n mile 应已构成。同样,当水域受限、船舶密度较大、船舶较小时,构成紧迫局面的距离应适当近些。

3. 紧迫危险

紧迫危险是指两船逼近到无论何种原因单凭一船的行动已不能避免碰撞时的局面。

(四) 背离《规则》

1. 背离《规则》的原因

船舶由于航行的危险或碰撞的危险,以及特殊情况,可能需要背离《规则》条款的规定。

1）航行的危险

航行的危险主要是指由于自然条件的限制（如浅滩、暗礁等碍航物）而使当事船舶如按照《规则》进行避碰很可能导致搁浅、触礁或其他航行危险。其包括但不限于以下情况。

（1）两艘机动船对遇，其中一船的右舷侧临近浅滩或暗礁或沉船等所产生的危险。

（2）两艘机动船交叉相遇，在直航船的正前方临近航行危险物，如漂流物所产生的危险。

（3）能见度不良时的类似情况。

2）碰撞的危险

碰撞的危险主要是指在船舶会遇和避碰的发展过程中，当事船舶已进入按照《规则》采取行动不可能避免碰撞反而很可能导致碰撞的严重危险。其包括但不限于以下情况。

（1）一艘被追越船，同时与其右舷的另一艘船舶处于交叉相遇，可能被迫转向避让。

（2）一艘被追越船，可能转向避让另一艘处于对遇局面的船舶。

（3）两艘机动船处于对遇局面，另一船突然向左转向。

（4）两船以左舷对左舷，或右舷对右舷可安全驶过，但另一船突然转向横越本船的进路。

3）特殊情况

特殊情况主要是指多船会遇、当事船舶条件的限制（如吃水受到限制、操纵能力受到限制），以及突然出现的紧急情况等，致使无法按照《规则》进行避碰的例外情况。其包括但不限于以下情况。

（1）浓雾中，突然在近距离发现他船时。

（2）两船已逼近，对方突然采取意图不明的行动，而使碰撞迫在眉睫时。

（3）两船航向相反，本可以左舷对左舷，或右舷对右舷安全通过，但其中一船突然采取转向横越他船船首，构成紧迫危险的局面。

（4）当两艘船舶中的一艘提议背离《规则》而得到另一船同意时。

（5）两艘以上的船舶处在确实存在碰撞危险情况时。

（6）船舶在航行中遇到潜艇突然在近距离浮出水面时。

（7）在狭水道中，遇到他船违章靠左行驶，并阻拦本船进路时。

（8）在狭水道中正常行驶，在本船前方近距离的他船突然抛锚。

（9）两艘机动船交叉相遇，但在直航船的右舷侧突然出现另一船。

（10）《规则》中有所提及，但未规定如何避让的情况。例如，一艘机动船在左舷侧遇见大型舰队或护航船队时。

2. 背离《规则》的条件

背离《规则》的目的是避免紧迫危险。为了采取最有助于避碰的行动、为了避免两船的不协调行动、为了避免碰撞危险和紧迫局面等都不能背离《规则》。背离《规则》必须满足以下三个条件。

（1）危险必须客观存在，而不能凭主观臆断和想象。

（2）危险必须是紧迫的，即只有为了避免紧迫危险才可以背离《规则》。

（3）背离《规则》是合理的，即背离《规则》的行动可以避免碰撞或紧迫危险，至少要能减轻碰撞的损失，不背离《规则》会产生较严重的后果。

3. 背离《规则》的含义

（1）并非只要出现航行危险、碰撞危险或特殊情况，就一定必须背离《规则》，只有在必要时才可背离《规则》，否则绝不允许。“方便”不能成为背离《规则》的借口。

（2）在需要背离《规则》时，背离《规则》既是当事船舶的责任，也是遵守《规则》的表现，不背离《规则》会构成不能免责的疏忽或过失。

（3）背离《规则》并不是背离《规则》所有条款的规定，而仅可背离《规则》的某些或某一条款的具体规定。

（4）在背离《规则》时，所采取的避碰行动应符合良好船艺的要求。

二、习题

1.《规则》各条不免除下列哪些人的疏忽所产生的各种后果的责任？

A. 船舶上的所有人

B. 船长

C. 船员

D. 以上都是

2. 由于船长在避碰操纵中的过失导致碰撞，根据“责任”条款，将不能免除下述对象承担碰撞的责任。

A. 由船长自行承担碰撞导致的一切责任

B. 由于船长是船东雇用人员，因而应由船东承担一切责任

C. 若船东并无任何过失，则船长本人承担责任

D. 有关方有权追究当事船舶、当事人以及船舶的所有人由于该碰撞而产生的各种后果的责任

3. 下列情况中，当时特殊情况所要求的任何戒备上的疏忽的是________。

A. 没按规定鸣放声响信号

B. 夜航中不保持正规瞭望

C. 没想到他船可能采取背离《规则》的行动

D. 在不了解周围环境的情况下进行交接班

4. 某船号灯损坏而未发现或未及时修复，因而导致碰撞，应属于________。

A. 遵守《规则》条款的任何疏忽

B. 海员通常做法所要求的任何戒备上的疏忽

C. 当时特殊情况所要求的任何戒备上的疏忽

D. A、B 和 C 均可

5. 直航船未鸣放“五短声”怀疑警告信号，即“独自采取操纵行动，以避免碰撞”的做法是________。

A. 遵守《规则》条款的任何疏忽

B. 海员通常做法所要求的任何戒备上的疏忽

C. 当时特殊情况所要求的任何戒备上的疏忽

D. 该做法并无违背规则之处，是符合海员通常做法的

6. 两船相遇，直航船驾驶员只依赖来船采取避让行动而碰撞，应属于________。

A. 驾驶员操作失误

B. 遵守《规则》条款的任何疏忽

C. 海员通常做法所要求的任何戒备上的疏忽

D. 当时特殊情况所要求的任何戒备上的疏忽

7. 在避让过程中驾驶员相互交接班的做法是________。

A. 遵守《规则》条款的任何疏忽

B. 海员通常做法所要求的任何戒备上的疏忽

C. 当时特殊情况所要求的任何戒备上的疏忽

D. 一种正常的行为

8. 某船航经复杂航道没有备车、备锚而导致碰撞事故，应属于________。

A. 遵守《规则》条款的任何疏忽

B. 海员通常做法所要求的任何戒备上的疏忽

C. 当时特殊情况所要求的任何戒备上的疏忽

D. 以上都是

9. 某船在进出港时由于没有备车、备锚，以致在出现碰撞危险时来不及采取避让措施而发生碰撞事故，应属于________。

A. 遵守《规则》条款的任何疏忽

B. 海员通常做法所要求的任何戒备上的疏忽

C. 当时特殊情况所要求的任何戒备上的疏忽

D. 以上都是

10. 下列情况属于海员通常做法所要求的任何戒备上的疏忽的是________。

A. 不按时显示或解除号灯、号型

B. 对本船的操纵性能不了解

C. 在通航密集水域为避让一船而与另一船造成紧迫局面

D. 锚泊中不注意他船的动态

11. 某船驾驶员对另一船为避免紧迫危险而背离《规则》的行动缺乏思想准备,应属于________。

A. 遵守《规则》条款的任何疏忽

B. 海员通常做法所要求的任何戒备上的疏忽

C. 当时特殊情况所要求的任何戒备上的疏忽

D. 以上都是

12. 船舶在航行中,驾驶员忙于定位,在海图室停留时间过长,以致发现来船太晚而避让不及,发生碰撞事故,应属于________。

A. 驾驶员操作失误

B. 遵守《规则》条款的任何疏忽

C. 海员通常做法所要求的任何戒备上的疏忽

D. 当时特殊情况所要求的任何戒备上的疏忽

13. 下列哪种关于背离《规则》的说法是正确的?

A. 背离《规则》就是违反《规则》

B. 背离《规则》是规则本身灵活性的体现

C. 背离《规则》是有条件限制的

D. 违反《规则》但未发生碰撞事故,即是合理的背离《规则》

14. 试判断下述观点的正确性。

A. 只要他船业已违背《规则》采取行动,则本船即可背离《规则》采取行动

B. 判断一船所采取的背离《规则》的行动正确与否,应取决于该行动是否符合《规则》有关驾驶与航行规则

C. A 和 B 都对

D. A 和 B 都不对

15. 某机动船与另一机动船对遇,当该船决定右让时听到他船鸣放二短声且向左转向,则该船应________。

A. 向右转向,鸣放一短声

B. 若环境许可,向左转向,鸣放二短声

C. 减速、停车,把船停住,鸣放五短声

D. B 和 C 均可采取

16. 可以背离《规则》采取行动，就意味着________。

A. 只要最有助于避碰，该行动就是正确的行动

B. 只要不至于与他船构成紧迫局面，该行动即为正确的行动

C. A 和 B 都对

D. A 和 B 都不对

17. 你船在晴朗的白天航行时，与三艘机动船相遇，其中一艘是对遇，另外两艘分别从左、右正横交叉且致有构成碰撞危险，你船应________。

A. 鸣放一短声右转

B. 鸣放两短声左转

C. 鸣放三短声倒车

D. 鸣放五短声继续航行

三、习题答案

1. D；2. D；3. C；4. A；5. A；6. B；7. B；8. B；9. B；10. B；11. C；12. B；13. C；14. D；15. D；16. D；17. A。

第三条　一 般 定 义

除条文另有解释外，在本规则中的含义如下。

1. “船舶”一词，是指用作或者能够用作水上运输工具的各类水上船筏，包括非排水船筏、地效翼船和水上飞机。

2. “机动船”一词，是指用机器推进的任何船舶。

3. “帆船”一词，是指任何驶帆的船舶，如果装有推进机器而不在使用者。

4. “从事捕鱼的船舶”一词，是指使用网具、绳钓、拖网或其他使其操纵性能受到限制的渔具捕鱼的任何船舶，但不包括使用曳绳钓或其他并不使其操纵性能受到限制的渔具捕鱼的船舶。

5. “水上飞机”一词，包括为能在水面操纵而设计的任何航空器。

6. “失去控制的船舶”一词，是指由于某种异常情况，不能按本规则条款的要求进行操纵，因而不能给他船让路的船舶。

7. “操纵能力受到限制的船舶”一词，是指由于工作性质，使其按本规则条款的要求进行操纵的能力受到限制，因而不能给他船让路的船舶。“操纵能力受到限制的船舶”一词应包括但不限于下列船舶。

(1) 从事敷设、维修或起捞助航标志、海底电缆或管道的船舶；

(2) 从事疏浚、测量或水下作业的船舶；

(3) 在航中从事补给或转运人员、食品或货物的船舶；

(4) 从事发放或回收航空器的船舶；

(5) 从事清除水雷作业的船舶；

(6) 从事拖带作业的船舶，该项拖带作业使该拖船及其被拖带物体驶离其航向的能力严重受到限制。

8. “限于吃水的船舶”一词，是指由于吃水与可航行水域的水深和宽度的关系，致使其偏离航向的能力严重受限的机动船。

9. “在航”一词，是指船舶不处于锚泊、系岸或搁浅状态。

10. 船舶的“长度”和“宽度”是指其总长度和最大宽度。

11. 只有当一船能自他船以视觉看到时，才应认为两船是在互见中。

12. “能见度不良”一词，是指任何由于雾、霾、下雪、暴风雨、沙尘暴或任何其他类似原因而使能见度受到限制的情况。

13. “地效翼船”一词，是指多式船艇，其主要操作方式是利用表面效应贴近水面飞行。

一、《规则》条文与知识点解读

(一) 船舶

(1) 凡是正在用作或者能够用作水上运输的工具，即能够装载人或货物的一切船筏，不论其种类、大小、形状、结构、推进方式或用途如何，均属船舶的范畴。

(2) 船舶不以是否具有适航条件为前提。

(3) 不论处于在航状态，还是处于锚泊、系岸或搁浅状态，均属于船舶。

(4) 船舶种类主要包括摇橹船、划桨船、竹排、木排、滑行船、水翼船、气垫船、科学考察船、公务船、军舰、水上飞机和钻井船(平台)等。

(5) 当水上飞机离开水面一定高度飞行时不属于“船舶”，其他状态均属于“船舶”；专作助航标志的灯船和专作浮码头的趸船等不属于“船舶”。

(二) 机动船

(1) 凡是使用机器推进的船舶，不论使用何种类型的机器推进，均属于机动船。

(2) 除装有推进器但不在使用的帆船外，其他任何用机器推进的船舶均为机动船，包括正在用机器推进，也包括可以用机器推进而未使用机器推进的情况。

(3) 从事捕鱼的船舶、失去控制的船舶或操纵能力受到限制的船舶，虽然是用机器推进，但不属于机动船的范畴。当这类船舶在能见度不良的水域，机器应做好随时操纵的准备，当与同类船舶处于对遇态势时，各应采取向右转向行动。

(4) 限于吃水的船舶和水上飞机属于机动船，但在《规则》第十八条第 4 款和第 5 款、第二十八条和第三十五条第 3 款中有别于机动船。

(5) 用机器推进的船舶，当其处于锚泊、系岸或搁浅状态时，不再属于机动船。

（三）帆船

（1）一艘仅装有帆的船舶，不论是否正在用帆推进，均属于帆船。

（2）一艘同时装有机器和帆的船舶，当机帆并用时，应属于机动船，不能称为机帆船，但在《规则》第二十五条第5款中有别于机动船；当仅用机器推进时，应属于机动船；当仅用帆航行时，应属于帆船，也不能称为机帆船。

（3）一艘同时装有机器和帆的船舶，当处于漂航状态，既不驶帆又不使用机器推进，若本船是这种情况，应将本船视为机动船，若他船是这种情况，本船应将其视为帆船。

（4）装有帆的船舶，不论其是否装有机器，当其处于锚泊、系岸或搁浅时，不再属于帆船或机动船。

（四）从事捕鱼的船舶

（1）一艘船只有同时满足下列两个条件，才能属于“从事捕鱼的船舶”。

① 正在从事捕鱼作业。正在从事捕鱼作业是指从放网开始到收完网为止，不包括驶往渔场或从渔场返回途中以及在海上搜索鱼群时。

② 在作业时使用的渔具使其操纵性能受到限制。这类渔具包括网具、绳钓、拖网、围网、流网、延绳钓等，但不包括使用曳绳钓、短绳钓或其他不会使其操纵性能受到限制的渔具捕鱼的船舶。

（2）从事捕鱼的船舶与渔船的概念是不同的，正在捕鱼的渔船也不一定属于从事捕鱼的船舶，关键要看其使用的渔具是否使其操纵性能受到限制。

（3）从事捕鱼的船舶可能是用机器推进的船舶，也可能是驶帆的船舶；既可能处于在航状态，又可能处于锚泊状态。

（五）失去控制的船舶

（1）失去控制的船舶并不一定完全不能进行操纵，而是由于某种异常情况不能按《规则》对于正常船舶的要求进行操纵，因而不能给他船让路。

通常，“不能按本规则条款的要求进行操纵”包括以下含义。

① 异常情况导致一船丧失了车让或舵让的能力，从而根本不能按《规则》要求采取车、舵的行动。

② 异常情况致使一船无法迅速地达到《规则》要求的操纵行动的目的，或者需要经过很长时间的耽搁之后，才能达到操纵避让的目的。

③ 在车舵完好的条件下，由于异常情况致使一船只能根据航行安全的需要去操纵船舶，而无法按照避让的要求去采取行动，否则将严重地威胁船舶的安全。

（2）“某种异常情况”，主要是指船舶本身的异常情况。下列情况均属于异常情况。

① 主机、舵机或操纵系统出现故障。

② 车叶或舵损坏或丢失。

③ 发生火灾或爆炸,致使不能正常工作。

④ 由于碰撞造成严重进水,致使干舷丧失。

⑤ 船舶结构发生严重变形或破坏而无法航行。

⑥ 帆船的帆具严重受损,或遇到无风的情况。

⑦ 抛了锚但锚未抓牢。

⑧ 走锚,且不能迅速用车、舵控制船舶。

⑨ 抛锚掉头无法进行正常转向。

⑩ 锚已从锚链卸掉,用锚链来顶住风浪。

(3) 船舶在失控期间,应按《规则》第二十七条显示号灯、号型,否则将丧失《规则》给予“失去控制的船舶”的一切权利。

(4) 失去控制的船舶一旦被拖带、处于搁浅、锚泊或系泊时,将成为一艘被拖船、搁浅船、锚泊船或系岸船,而不再属于失去控制的船舶。

(5) 船舶在天气不良、大风浪环境下,虽然此时操纵可能极其困难,也不一定是失去控制的船舶,只有当天气恶劣到严重影响其操纵性能,致使其不能改变航向和(或)航速给他船让路时,才属于失去控制的船舶。

(6) 自动舵系统、手动舵系统、应急舵系统中的一种发生故障时,不应属于失去控制的船舶,但手动舵系统和应急舵系统都发生故障时,即属于失去控制的船舶;两部舵机中一部舵机发生故障时,不应属于失去控制的船舶。

(7) 异常情况与造成的原因无关。

(六) 操纵能力受到限制的船舶

(1) 操纵能力受到限制的原因不是该类船舶本身的操纵能力不好,而是工作性质引起的。

(2) 船舶应正在进行某项工作或作业,而不是指该船可用于某项工作或作业。因此,布缆船不在敷设海底电缆作业时、挖泥船不在从事疏浚作业时、航空母舰不在发放或回收舰载飞机时、扫雷艇不在扫雷作业时,都不属于操纵能力受到限制的船舶。

(3) 虽然与失去控制的船舶的起因不同,但都导致“不能给他船让路”的同一后果,因此,操纵能力受到限制的船舶的避让权利与失去控制的船舶处于同等地位。其主要包括以下船舶。

① 从事敷设、维修或起捞助航标志、海底电缆或管道的船舶。

② 从事疏浚、测量或水下作业的船舶。

③ 在航中从事补给或转运人员、食品或货物的船舶。

④ 从事发放或回收航空器的船舶,包括正有飞机起降的航空母舰。

⑤ 从事清除水雷作业的船舶,包括探雷或扫雷作业。

⑥ 从事拖带作业的船舶,且该拖带作业使该拖船及其拖带物体驶离其航向的能力严重受到限制者。

⑦ 自航式海上钻井平台。

（4）值得注意的问题如下。

① 从事拖带作业的船舶，当拖带作业没有使该拖船及其拖带物体驶离其航向的能力严重受到限制时，属于机动船，不属于操纵能力受到限制的船舶。

② 航空母舰是机动船，只有其正在进行飞机起飞和降落时，才是操纵能力受到限制的船舶。

③ 正在从事罗经校正或测速的船舶，可能是机动船，但不是操纵能力受到限制的船舶。

④ 挖泥船和扫雷舰等不一定是操纵能力受到限制的船舶，只有当其正在从事挖泥或扫雷等作业，并且其操纵能力严重受到限制时，才算是操纵能力受到限制的船舶。

（5）从事捕鱼作业的船舶，当其操纵性能受到限制时，不属于操纵能力受到限制的船舶，而应属于从事捕鱼的船舶。

（七）限于吃水的船舶

限于吃水的船舶是指由于吃水与可航行水域的水深和宽度的关系，致使其偏离所驶航向的能力严重受限的机动船。

（1）决定船舶是否限于吃水的因素，不仅有水深，还有航行水域的宽度，而且主要因素是可供回转的水域大小，而不是龙骨下水深大小。

（2）还应适当考虑小量的富余水深对船舶操纵性能和驶离航向能力的影响。一艘船以小量的富余水深在一个水域航行时，如果有足够的水域采取避让行动，就不能视为一艘限于吃水的船舶。

（3）通航密度太大、吃水太大、水深太浅等不能成为认定限于吃水的船舶的充分条件。

（4）在有地方特殊规定的水域，应以特殊规定为准。例如，某些地方当局规定航行在港口、江河或内陆水道中的超过一定尺度和吃水的船舶应显示限于吃水的船舶的信号，并规定其他船舶为其让路。

（八）在航

《规则》将船舶的状态分为在航、锚泊、系岸和搁浅。

（1）在航包括对水移动和不对水移动两种状态。对水移动是指船舶在推进器或在惯性作用下在水面移动的状态；不对水移动是指船舶已停车并且惯性运动已完全消失，在水面漂泊的状态。

船舶在受限水域使用抛锚协助掉头、拖锚协助操纵、抛下卸掉锚的锚链以顶风浪、在风浪中走锚等，均应属于在航。

（2）下列情况不属于在航。

① 锚泊：从锚抛出且已抓牢海底时起，到起锚时锚离底时止。

② 系锚泊船:从第一根系缆系上锚泊船的系缆柱起,到解缆时最后一根系缆解离锚泊船的系缆柱止。

③ 系浮筒:从系缆系牢到浮筒起,到离浮筒时系缆从浮筒上解下止。

④ 挂住障碍物:锚或锚链或缆绳挂住海底障碍物而难以解脱时。

⑤ 系岸:船舶通过缆绳系留在码头、岸壁、栈桥、陆岸或系泊船上。从靠泊时第一根系缆系牢到系缆柱起,到离泊时最后一根系缆从岸上系缆柱解脱时止。

⑥ 搁浅:船舶搁置在浅滩或礁石上,失去浮力不能自由移动的状态。但如果涨潮后从浅滩或礁石上浮起,则不作为搁浅论处。

(九) 长度和宽度

长度和宽度是指船舶的总长度和最大宽度,载于船舶登记证书中。

(十) 互见

互见是指只有当一船能自他船以视觉看到时,才应认为两船是在互见中。

(1) 互见是指“以视觉看到”,即凭肉眼看见,包括使用望远镜之类的光学仪器看见。

(2) 互见是指一船能看见他船的船体、号灯和灯光信号。

(3) 互见是以一船能看到他船为条件,而不是以一船已实际看到他船为条件,应该看到而没有看到是对正规瞭望的疏忽。

(4) 互见并不以“相互看见”为条件,只要一船能用视觉看到另一船,则一船就应认为两船是在互见中,而无须强调另一船也以视觉看到一船。

(5) 能见度情况是影响互见的主要因素,但互见并不以能见度情况为前提,不论能见度如何,只要“以视觉看到”,就应认为是在互见中。

(6) 下列情况不属于互见。

① 两船通过雾号、雷达、VHF、AIS 等确认彼此的存在。

② 低层雾中只能看到他船的前、后桅灯,看不到他船的驾驶室,无法断定他船能否看到本船的前、后桅灯。

③ 雾中只能看见他船的船头、轮廓或桅杆,无法判断他船的动向。

(十一) 能见度不良

(1) 能见度不良是由于雾、霾、下雪、暴风雨、沙尘暴或任何其他使空气透光度减弱的介质造成的,光线黑暗(如夜间)不能视为能见度不良。

(2) 能见度不良不包括因居间障碍物遮蔽而无法看到的情况。

(3) 能见度不良不等于不互见,即使在浓雾中也可能互见。

(4) 一般认为,当能见度低于 5n mile 时,即属于能见度不良,能见度下降到至少 2n mile 时,应鸣放雾号。

(十二) 地效翼船

(1) 虽然地效翼船的形状类似于水上飞机,但其只能贴近水面飞行。

(2) 不论地效翼船是否离开水面航行，均应视为船舶。

(3) 除在《规则》第十八条第6款第(1)项、第二十三条第3款和第三十一条中另有明确规定外，在水面航行的地效翼船应作为机动船看待。

二、习题

1.《规则》中“船舶”一词包括________。

A. 用作水上运输工具的各类水上船筏

B. 用作水上运输工具的非排水船筏

C. A和B都对

D. A和B都不对

2. 在《规则》第三条“一般定义”中，“船舶”一词是指________。

A. 具有适航能力的、能够用作水上运输工具的各类水上船筏

B. 用作或能够用作水上运输工具的各类水上船筏，不管其是否具备适航条件

C. A和B都对

D. A和B都不对

3. 在《规则》中，“船舶”一词应是指：Ⅰ从事海上运输任务的各类船筏；Ⅱ除科学考察船、政府公务船、军舰以外的一切用作或能够用作水上运输工具的各类船筏。

A. Ⅰ对

B. Ⅱ对

C. Ⅰ和Ⅱ都对

D. Ⅰ和Ⅱ都不对

4.《规则》第三条“一般定义”中提及的“机动船”一词应是指________。

A. 所有正在用机器推进的任何船舶

B. 任何装有推进器的船舶

C. A和B都对

D. A和B都不对

5. 某船用帆行驶，同时用机器推进，并使用曳绳钓捕鱼，该船是________。

A. 在航帆船

B. 在航机帆船

C. 在航机动船

D. 从事捕鱼的船舶

6. 下列哪种船舶不属于“从事捕鱼的船舶”？

A. 用围网捕鱼

B. 用流网捕鱼

C. 用底拖网捕鱼

D. 用曳绳钓捕鱼

7. 下列哪种船舶不属于“从事捕鱼的船舶”？

A. 用拖网捕鱼

B. 用短绳钓捕鱼

C. 用延绳钓捕鱼

D. 用绳钓捕鱼

8. “失去控制的船舶”是指由于某种________不能按《规则》各条要求进行操纵，因而不能给他船让路的船舶。

A. 原因

B. 情况

C. 不可抗力

D. 异常情况

9. 下列情况中哪个不能视为“失去控制的船舶”？

A. 主机损坏

B. 舵机损坏

C. 船舶遇到大风浪

D. 帆船无风

10. 下列哪种船舶不属于“失去控制的船舶”？

A. 帆船在急流中无风

B. 恶劣天气中操纵极其困难

C. 机舱内部发生火灾

D. 碰撞进水使干舷丧失以致无法航行

11. 下列哪一种船舶属于“失去控制的船舶”？

A. 自动操舵系统发生故障，而正在使用应急舵船舶

B. 罗经、雷达等导航设备均无法正常使用的船舶

C. 船上失火，船长正在组织船员灭火，但车、舵尚能正常工作，并且可以正常转向及变速的船舶

D. 正在从事抛锚掉头操纵，无法进行正常转向的船舶

12. 下列哪种说法是正确的？

A. 起锚操纵时，锚机突然发生故障的船舶，应视为一艘失控船

B. 由于人为过失导致走锚的船舶，即使其无法按《规则》要求进行操纵，也不得视为一艘失控船

C. A 和 B 都对

D. A 和 B 都不对

13. “失去控制的船舶”存在于________。

A. 锚泊中

B. 搁浅中

C. 在航中

D. A、B 和 C 都可能

14. 试判断下列哪种不是“失去控制的船舶”。

A. 处于无风和急流水域中的帆船

B. 恶劣海况下操纵极其困难的船舶

C. 机舱发生火灾主机无法工作的船舶

D. 碰撞后导致无法航行的船舶

15. 下列哪种说法是正确的?

A. 由于人为疏忽,导致主机或舵机发生故障的船舶,均不得视为“失去控制的船舶”

B. 由于人为疏忽,导致走锚的船舶,均不得视为“失去控制的船舶”

C. A 和 B 都对

D. A 和 B 都不对

16. 下列各船中,哪种是“操纵能力受到限制的船舶”?

A. 失去控制的船舶

B. 从事捕鱼的船舶

C. 限于吃水的船舶

D. 挖泥船

17. 下列哪种船舶应属于“操纵能力受到限制的船舶”?

A. 由于恶劣的天气,致使其按规则要求进行操纵的能力严重地受到限制的船舶

B. 由于吃水,致使其操纵能力严重受到限制的船舶

C. 正在进行罗经校对工作的船舶

D. 正在进行接送引水员与港方官员操纵的在航船舶

18. 下列哪种船舶是“操纵能力受到限制的船舶”?

A. 从事拖带作业的船舶

B. 限于吃水的船舶

C. 在航行中从事补给的船舶

D. 航空母舰

19. 下列哪种说法正确?

A. 正从事罗经校对的船舶可视为操纵能力受到限制的船舶

B. 正从事测速的船舶可视为操纵能力受到限制的船舶

C. A 和 B 都对

D. A 和 B 都不对

20. 下列船舶中,可能不属于"操纵能力受到限制的船舶"的是________。

A. 从事拖带作业的船舶

B. 扫雷船

C. 疏浚船

D. A、B 和 C

21. "限于吃水的船舶"是指________。

A. 由于水域的限制,致使其驶离航向的能力严重受限的机动船

B. 由于吃水与可用水深的关系,致使其驶离航向的能力严重受到限制的船舶

C. 由于水深太浅,吃水太大,致使其驶离航向的能力严重受到限制的机动船

D. 由于浅水,致使其操纵性能,尤其是使其驶离航向的能力严重受到限制的机动船

22. 下列哪种说法是正确的?

A. 判断一船是否是"限于吃水的船舶",考虑的主要因素是可供回转的水域,而不是龙骨下的水深

B. 只要一船的任一舷侧水域深度受限,致使无法向该侧回转,则可视为"限于吃水的船舶"

C. A 和 B 都对

D. A 和 B 都不对

23. 下列哪种说法是正确的?

A. 由于水域的宽度太窄,致使一船驶离航向的能力严重受到限制,则该船即为"限于吃水的船舶"

B. 由于通航密度太大,致使一艘深吃水船舶驶离航向的能力严重受到限制,则该船即为"限于吃水的船舶"

C. A 和 B 都对

D. A 和 B 都不对

24. 下述哪种情况可视为"在航"?

A. 离泊时,解脱最后一根缆绳始

B. 靠泊时,若尚未完全系妥所有缆绳

C. 为防止锚泊船偏荡过大,启动主机,同时施舵以保持船首向的稳定时

D. 在任何情况下,只要一启动主机

25. 下列情况中的船舶,属于"在航"的是________。

A. 使用单锚在港池内掉头

B. 与另一艘锚泊船并靠

C. 船首部分接触海底,但船尾在本身主机推动下可移动

D. A 和 C 都是

26. 下述哪种船舶不属于“在航”？

A. 已停车并且不对水移动

B. 起浮后的搁浅船

C. 走锚中的船舶

D. 绑靠在锚泊船旁

27. 下述哪种船舶不属于“在航”？

A. 走锚中的船舶

B. 已停车并且不对水移动

C. 起浮后的搁浅船

D. 系留中的船舶

28. 所谓的“在航”应是指________。

A. 正在水中向前运动的状态

B. 凡在水面上漂航的船舶均处于“在航”

C. A 和 B 都对

D. A 和 B 都不对

29. 下列哪种船舶属于“在航”？

A. 当不对水移动时

B. 当拖锚淌航时

C. A 和 B 都是

D. A 和 B 都不是

30. 走锚中的船舶应属于________。

A. 在航

B. 锚泊

C. 操纵能力受到限制的船舶

D. 以上都不是

31.《规则》定义的船舶“宽度”是指________。

A. 船舶重心处的横向宽度

B. 最大宽度

C. 登记宽度

D. 船中处水线面宽度

32. “互见”的定义是________。

A. 只有当一船能自本船以视觉看到时

B. 只有当两船能相互听到雾号时

C. 只有当一船能自他船以视觉看到时

D. A 和 C 均是

33. 下述哪种观点是正确的?

A. “互见”是指在能见度良好的条件下,两船用视觉相互看见时

B. 只有当两船能用视觉相互看见时,才应认为两船业已处于“互见”中

C. 只要一船能发现另一船的存在,则应认为两船已处于“互见”中

D. 不管当时能见度如何,只要一船能用视觉发现他船,即可认为两船已处于“互见”中

34. 下述哪种情况不属于“互见”?

A. 一船能自他船以视觉看到时

B. 雾中两船距离很近,能看到他船

C. 低层雾中只能看到他船的前、后桅灯

D. 雾中两船驶近到一定距离能看到他船时

35. 下述哪种情况不属于“互见”?

A. 一船能自他船以视觉看到时

B. 低层雾中只能看到他船的前、后桅灯

C. 雾中两船很近但只能看到他船的轮廓

D. B 和 C 都对

36. 下述哪种情况属于“互见”?

A. 当两船相互用视觉发现,即可认为已处于互见中

B. 只要当一船能自他船用望远镜看到,即可认为两船是在互见中

C. A 和 B 都对

D. A 和 B 都不对

37. 所谓“能见度不良”指的是________。

A. 由于任何的原因,致使两船无法用视觉相互看见

B. “伸手不见五指”的夜间,也应认为是“能见度不良”

C. A 和 B 都对

D. A 和 B 都不对

38. 所谓“能见度不良”是指________。

A. 夜间能见度受到限制

B. 两船无法用视觉相互看见时

C. A 和 B 都对

D. A 和 B 都不对

39. 能见度不良时备车航行,一般认为视距已降到________时就是能见度不良。

A. 6n mile

B. 5n mile

C. 3n mile

D. 2n mile

40. 下列有关特殊规定(地方规则)和《规则》关系的说法,哪个是正确的?

A. 特殊规定具有优先使用权

B. 特殊规定与《规则》不一致时,应执行特殊规定

C. 特殊规定未规定事项应依照《规则》的规定

D. 以上都对

41. 驾驶员未能对近距离突然显示灯光的小船及时采取有效的避让措施,应属于________。

A. 遵守《规则》条款的疏忽

B. 海员通常做法所要求的任何戒备上的疏忽

C. 当时特殊情况所要求的任何戒备上的疏忽

D. A、B 和 C 均不对

42. 某船在狭水道内航行,因靠岸边太近而发生岸吸或岸斥,致使船舶搁浅,应属于________。

A. 遵守《规则》条款的疏忽

B. 海员通常做法所要求的任何戒备上的疏忽

C. 当时特殊情况所要求的任何戒备上的疏忽

D. 以上都对

43. 某船在狭水道内航行,由于没有靠右航行而与另一船舶发生碰撞事故,应属于________。

A. 遵守《规则》条款的疏忽

B. 海员通常做法所要求的任何戒备上的疏忽

C. 当时特殊情况所要求的任何戒备上的疏忽

D. 以上都不对

44. 某船在能见度不良的水域中航行,由于值班驾驶员没有使用雷达以致发现来船太晚而发生碰撞事故,应属于________。

A. 海员通常做法所要求的任何戒备上的疏忽

B. 当时特殊情况所要求的任何戒备上的疏忽

C. 遵守《规则》条款的疏忽

D. 以上都不对

45. 有关船舶背离《规则》的规定,下列哪个是正确的?

A. 船舶为避免紧迫危险可以背离《规则》

B. 船舶在特殊的情况下可以背离《规则》

C. 船舶只有在特殊情况和为避免紧迫危险同时存在的情况下才可以背离《规则》

D. A 和 B 正确

46. 船舶为避免紧迫危险,可以背离________。

A.《规则》的任何一条规定

B.《规则》有关避免碰撞行动的具体规定

C.《规则》中驾驶和航行规则的任何一条规定

D. 以上都不对

47. 根据《规则》,下列哪个是错误的?

A. 背离《规则》是《规则》所不认可的

B. 背离《规则》是以取得避碰效果为前提的

C. 船舶在特殊的情况下可以背离《规则》

D. 船舶为避免紧迫危险时可以背离《规则》

48. 下列哪种说法是正确的?

A. 政府公务船在执行公务时可免受《规则》约束

B. 军用舰船不管是战时还是平时都应遵守《规则》

C. A 和 B 都对

D. A 和 B 都不对

49. 下列哪些船舶不适用《规则》?

A. 在锚泊状态下的航空母舰

B. 处于非排水状态的气垫船

C. 在水下潜航的潜艇

D. 以上都不适用

50. 下列哪项属于操纵能力受到限制的船舶?

A. 限于吃水的船舶

B. 正在进行测速的船舶

C. 从事罗经校对的船舶

D. 以上均不是

51. 下列哪项不属于操纵能力受到限制的船舶?

A. 从事清除水雷作业的船舶

B. 限于吃水的船舶

C. 从事起捞助航标志的船舶

D. 从事疏浚作业的船舶

52. 决定船舶是否是“限于吃水的船舶”,其因素是________致使其偏离所驶航向的能力严重受到限制。

A. 船舶吃水与可航水域的深度
B. 船舶吃水与可航水域的宽度
C. A 和 B 都对
D. A 和 B 都不对
53. 下列哪种船舶不属于“在航”?
A. 已停车并且不对水移动的船舶
B. 绑靠在锚泊船旁的船舶
C. 走锚中的船舶
D. 以上均不属于
54. 某船由于舵机损坏在锚地抛锚维修,则该船为________。
A. 失去控制的船舶
B. 锚泊船
C. A 和 B 都对
D. A 和 B 都不对
55. 下列哪种情况属于“在互见中”?
A. 一船能自他船以视觉看到时
B. 雾中两船很近但只能见到他船的模糊轮廓
C. 雾中两船驶近到一定距离,其中一船能见到他船的号灯时
D. A、B 和 C 都不对
56. 在海上实践中,“互见”可以理解为________。
A. 当一船以视觉看到他船时
B. 当两船彼此能用雷达发现时
C. 当两船彼此能用视觉看到时
D. 以上都对
57. “能见度不良”是指________。
A. 由于雾的原因而使能见度受到限制的情况
B. 由于下雪的原因而使能见度受到限制的情况
C. 由于沙尘暴的原因而使能见度受到限制的情况
D. 以上都对

三、习题答案

1. C;2. B;3. D;4. D;5. C;6. D;7. B;8. D;9. C;10. B;11. D;12. D;13. C;14. B;15. D;16. D;17. D;18. C;19. D;20. D;21. A;22. A;23. D;24. A;25. A;26. D;27. D;28. C;29. C;30. A;31. B;32. C;33. D;34. C;35. D;36. C;37. D;38. D;39. B;40. D;41. C;42. B;43. A;44. C;45. D;46. B;47. A;48. D;49. C;50. D;51. B;52. C;53. B;54. B;55. A;56. A;57. D。

第二章　驾驶和航行规则

第一节　船舶在任何能见度情况下的行动规则

第四条　适 用 范 围

本节各条适用于任何能见度的情况。

第五条　瞭　　望

每一船舶在任何时候都应使用视觉、听觉以及适合当时环境和情况的一切有效手段保持正规的瞭望，以便对局面和碰撞危险作出充分的估计。

一、《规则》条文与知识点解读

（一）瞭望的含义

（1）瞭望规定适用于任何能见度情况下的每一艘船舶。

（2）瞭望不当是导致碰撞事故的首要或基本原因，保持正规的瞭望是保证航行安全的重要手段和首要因素。

（3）瞭望的目的是对局面和碰撞危险做出充分的估计。

（4）与在航船舶一样，锚泊中的船舶也应保持正规瞭望。

（5）瞭望条款适用于操纵指挥员（值班驾驶员）和瞭望人员。

（二）保持正规瞭望

（1）瞭望时应使用适合当时环境和情况的一切有效手段。其中，视觉瞭望是正规瞭望的最基本手段，能见度不良时，尤其不能忽视视觉瞭望。

（2）在任何时候，均应有人保持连续、不间断的瞭望。通常，即使是能见度良好的白天，也应保持至少有 1 名专职瞭望人员。

（3）瞭望人员要称职，要派有经验、训练有素的人员担任。

（4）瞭望人员不能兼任会妨碍其瞭望的其他工作，但在操舵位置上可以无阻碍地看到周围情况时，操舵人员可以被视为瞭望人员。

（5）瞭望人员的位置：除了在驾驶室外安排瞭望人员，在狭水道、进出港口、通航密度较大的水域，或在能见度不良时，应在船首、两侧、船尾或罗经甲板等部位加派瞭望人员。

(6) 瞭望人员应经常走动,不应固定位置不变,以消除因遮蔽造成的盲区和因天气或本船特点所引起的影响,保证取得良好的瞭望效果。

(7) 瞭望时应认真、全面、仔细,对船舶周围的情况包括本船的情况进行系统、全方位、科学的观察和鉴别。正确处理好瞭望与其他各项工作的关系。

(8) 保持听觉瞭望要注意以下几点:

① 在狭水道航行时,要注意他船的操纵与警告信号;

② 能见度不良时,应注意他船的雾号;

③ 不能单凭雾号的方向作为转向避让的依据;

④即使没有听到雾号,也不等于附近没有船。

(9)保持雷达瞭望要注意以下几点:

① 即使天气良好时,只要可能,就要保持雷达瞭望;

② 雷达瞭望不能代替视觉瞭望,特别是在雾中航行时,专职雷达瞭望人员不能代替船首瞭望人员;

③ 应考虑雷达设备的特性、效率和局限性,不能盲目相信雷达;

④ 应注意到天气、海况和其他干扰源对雷达探测的影响。

(三) 正规瞭望的效果

在衡量是否保持"正规瞭望"时,一般更重视结果,即一船发现他船的时间及距离。通常情况下,在能见度良好时能在 6n mile 之前用视觉发现来船,或在能见度不良时能在 10~12n mile 在雷达上发现他船,并对局面和碰撞危险作出充分的估计,即认为保持了"正规瞭望"。

"对局面和碰撞危险作出充分的估计"包括以下内容。

(1) 根据来船的号灯、号型或声号,可判明来船的种类和动态。

(2) 根据来船罗经方位的变化和雷达观测与标绘资料,可判明本船与来船的碰撞可能性和来船的动态,以及两船的会遇距离。

(3) 根据 VHF 与雷达站、来船通话,可判明在何处将与来船会遇及有无碰撞危险。

(4) 根据来船的转向声号与方位变化率,可判明来船的避让意图及行动。

(5) 根据来船的警告声号或其他信号,可判明其处境困难或是否急需协同避让等。

二、习题

1. 保证船舶海上航行安全的首要做法是________。

A. 保持正规的瞭望

B. 使用安全航速

C. 判明碰撞危险

D. 采取避碰行动
2. 船舶安全航行的首要因素是________。
A. 保持正规的瞭望
B. 避免形成紧迫局面
C. 判断碰撞危险
D. 采取有效的避碰行动
3. 正规瞭望的最基本手段是________。
A. 视觉
B. 听觉
C. 雷达
D. VHF 通话
4.《规则》中规定瞭望的目的是________。
A. 避免紧迫局面
B. 避免紧迫危险
C. 对局面和碰撞危险做出充分的估计
D. 避免碰撞
5.“瞭望”条款的要求是________。
A. 对当时局面和碰撞危险做出充分的估计
B. 及早发现来船,并对其是否与本船构成碰撞危险做出系统的分析
C. A 和 B 都对
D. A 和 B 都不对
6.“瞭望”条款的适用范围是________。
A. 夜间,一切船舶
B. 能见度良好时的一切船舶
C. 任何能见度情况下的一切船舶
D. 能见度不良时的每一艘船舶
7. 下列哪种说法是正确的?
A. 锚泊船的瞭望可以比在航船的瞭望要求低些
B. 锚泊船只要定时瞭望就行
C. 锚泊船要经常用视觉、听觉及雷达瞭望
D. 锚泊船应与在航船一样,按瞭望条款要求保持正规瞭望
8. 正规瞭望的要求适用于________。
A. 在航船舶
B. 锚泊船舶
C. A 和 B 都对

D. A 和 B 都不对

9. 保持正规瞭望的义务适用于________。

A. 抛锚船舶

B. 正在从事捕鱼的船舶

C. A 和 B 都对

D. A 和 B 都不对

10.《规则》第五条“瞭望”的适用对象是指________。

A. 瞭望人员

B. 驾驶员

C. 当班驾驶员和瞭望人员

D. 驾驶台所有值班人员

11. 不能根据雾号决定来船的方位、距离的原因是________。

A. 声波在雾中传播时会出现异常的折射现象

B. 声波会受到风向、风速的影响

C. A 和 B 都是

D. A 和 B 都不是

12. 下列哪种观点是正确的？

A. 雾航中，装有雷达的船舶不但设置专职的雷达观察员，还应派设“瞭头”

B. 雾航中，若业已由专人负责雷达观察，即可认为是该船“瞭头”人员

C. A 和 B 都对

D. A 和 B 都不对

13. 下列哪种观点是正确的？

A. 当在操舵位置上可以无阻碍地看到周围情况时，则操舵人员可以被视为瞭望人员

B. 若船上人员编制受限，则操舵人员被视为瞭望人员是符合《规则》的

C. 只要进入开阔水域行驶，值班驾驶员可以被视为唯一的瞭望人员

D. 在能见度不良的水域航行，只要业已派出“瞭头人员”，就无须在驾驶台设置专职的瞭望人员

14. 在能见度不良的水域中航行，除天气条件不允许外，瞭望人员一般应增加并安排在________。

A. 驾驶台上

B. 船的前部

C. 驾驶台顶上

D. 船的后部

15. 下列哪种观点是正确的？

A. 保持正规的瞭望,应意味着在任何时候,每一船舶应使用雷达进行不间断的观察

B. 保持正规的瞭望,应意味着在任何时候,每一船舶应采取适合当时环境和情况下一切有效手段保持系统的观察

C. A 和 B 都对

D. A 和 B 都不对

三、习题答案

1. A; 2. A; 3. A; 4. C; 5. A; 6. C; 7. D; 8. C; 9. C; 10. C; 11. C; 12. A; 13. A; 14. B;15. B。

第六条　安 全 航 速

每一船舶在任何时候都应以安全航速行驶,以便能采取适当而有效的避碰行动,并能在适合当时环境和情况的距离以内把船停住。

在决定安全航速时,考虑的因素中应包括下列各点:

1. 对所有船舶:

(1) 能见度情况;

(2) 通航密度,包括渔船或者任何其他船舶的密集程度;

(3) 船舶的操纵性能,特别是在当时情况下的冲程和旋回性能;

(4) 夜间出现的背景亮光,如来自岸上的灯光或本船灯光的反向散射;

(5) 风、浪和流的状况以及靠近航海危险物的情况;

(6) 吃水与可用水深的关系。

2. 对备有可使用的雷达的船舶,还应考虑:

(1) 雷达设备的特性、效率和局限性;

(2) 所选用的雷达距离标尺带来的任何限制;

(3) 海况、天气和其他干扰源对雷达探测的影响;

(4) 在适当距离内,雷达对小船、浮冰和其他漂浮物有探测不到的可能性;

(5) 雷达探测到的船舶数目、位置和动态;

(6) 当用雷达测定附近船舶或其他物体的距离时,尽可能对能见度作出更确切的估计。

一、《规则》条文与知识点解读

(一)安全航速的适用范围

(1) 每一船舶在任何时候都必须以安全航速行驶。

(2) "任何时候"是指不论白天还是黑夜、能见度良好还是能见度不良,在开

阔水域还是受限水域等时间和环境情况下，船舶都应保持安全航速行驶。

(3)“每一船舶”是指不管船舶的种类、大小、状态如何，只要是《规则》适用的船舶，就有责任和义务执行安全航速的规定，也适用于“失去控制的船舶”“限于吃水的船舶”和“操纵能力受到限制的船舶”。

(二)安全航速的含义

安全航速是指能采取适当而有效的避碰行动，并能在适合当时环境和情况的距离以内把船停住的速度。

(1) 速度太快不行，太快既没有足够的时间来估计局面，也来不及采取适当而有效的避碰行动，并且，在必要时不能在适合当时环境和情况的距离以内把船停住。

(2) 速度太慢也不行，太慢会使舵效变差甚至失去舵效，同样不能采取适当而有效的避碰行动。

(3) 安全航速的大小受多因素影响，不能简单地将“能在一半的能见距离之内把船停住的速度”解释或定义为安全航速。

(4) 尽管减速避让常常是采取避碰行动的有效措施，但增速避让也不一定不符合安全航速的规定。

(5) 尽管在狭水道、港口等水域常常有限速规定，但使用限制航速不一定是安全航速。

(6) 在某些情况下备车航行，甚至将航速减到很低，但不一定满足安全航速的要求。

(三) 应考虑的因素

(1) 能见度是决定安全航速最重要的因素。此外，还应考虑通航密度、风浪流及靠近航海危险物的情况、船舶的操纵性能、吃水与可用水深的关系等，而经济因素、航行计划、上级要求等不在考虑范围内。

(2) 通航密度是诸因素中的重要因素，包括渔船或者任何其他船舶的密集程度。船舶在狭水道、港口附近等水域中航行时，因航道狭窄、弯曲、流较复杂、船舶会遇频繁等原因，即使在能见度良好时，也需适当降低航速，并且将机器作好随时操纵的准备。

(3) 船舶在可用水深略大于吃水的区域航行时，可能产生影响船舶操纵性能的浅水效应、岸壁效应，也可能使船舶的可航水域宽度变窄，因此，当船舶航行在浅水区域时，应适当降低航速，以适应航行安全的要求。

(4) 夜间有背景灯光时，会对瞭望效果造成不良影响，应适当降低航速。

(5) 雷达设备的性能对安全航速具有重要影响。

① 雷达不如视觉提供的情况更直接：运用雷达需要花费一定时间进行雷达标绘；当他船的运动状态发生变化时，雷达反应缓慢，驾驶员不易觉察；雷达提供的信

息存在误差等。

② 当用远距离挡扫描时，应该考虑在近距离内可能突然出现反射能力弱的小物标，而当用近距离挡扫描时，应该考虑远处他船改变运动状态而快速接近的可能性。

③ 海况、天气和其他干扰源都可能使雷达产生杂波和假回波，严重时不仅使雷达探测不到小物标，甚至连大型船舶的回波也无法辨认。

④ 小船、浮冰及一些漂浮物的电磁波反射能力弱，雷达可能探测不到，因此，在雷达上没有发现回波，不等于海上没有其他船舶或物标。

⑤ 雷达探测到的船舶数目越多，说明通航密度越大，在决定安全航速时，应充分考虑通航密度带来的困难与危险。

（四）航速的调整

（1）当船舶所处的环境和情况发生变化时，应及时调整航速，以保证符合“在任何时候都应以安全航速行驶”的要求。

（2）在下列情况下，船舶应考虑降低航速。

① 遇雾。

② 驶近通航密度较大的水域。

③ 航行环境复杂，导航条件不良。

④ 驶近居间障碍物遮蔽他船的狭水道或航道的弯头或地段时。

⑤ 来船的动态不清，态势不明。

二、习题

1. ________均应使用安全航速。

A. 每一机动船在任何时候

B. 每一船舶在任何时候

C. 能见度不良时的任何船舶

D. 通航密集水域中的机动船

2. 安全航速的条款适用于________。

A. 每一船舶在能见度良好时

B. 每一船舶在能见度不良时

C. 每一船舶在夜间

D. 每一船舶在任何时候

3. “安全航速”是指________。

A. 备车时以缓速行驶

B. 以便能采取适当而有效的行动避免碰撞，并能在适合当时环境和情况的距离内把船停住

C. 与他船构成碰撞危险时,采取微速前进

D. 应将航速减到能保持航向的最小速度

4. 对“安全航速”的正确解释是________。

A. 允许有时间采取适当而有效的行动避免碰撞

B. 能保持舵效的最低速度

C. 在能见度一半的距离内把船停住的速度

D. 能采取适当而有效的行动避免碰撞,并能在能见度一半的距离内把船停住的速度

5. 下述哪种观点是正确的?

A. 使用安全航速,就意味着每一船舶应坚持以缓速行驶

B. 只要来得及避免紧迫危险,则该航速即可认为是一种“安全航速”

C.“安全航速”的规定,就意味着当一船发现与他船构成碰撞危险之后,应立即采取大幅度的减速行动

D. 能使一船采取适当而有效的避碰行动的航速,即可称为“安全航速”

6. 由于避碰规则未对避让做出明确的规定,因此________。

A. 增速避让行动是不符合《规则》规定的

B. 增速避让行动是不符合安全航速的行动

C. A 和 B 都对

D. A 和 B 都不对

7. 狭水道内航行采用安全航速是指________。

A. 备车航速

B. 地方限速

C. 前进三变为前进一

D. 以上都不对

8. 在决定安全航速时,应考虑的首要因素是________。

A. 是否装有雷达

B. 能见度情况

C. 船舶的操纵性能

D. 航道条件

9. 对所有船舶在决定安全航速时所考虑的因素中,应包括下列哪些内容?

A. 风、浪和流的状况以及靠近航海危险物的情况

B. 吃水与可用水深的关系

C. 船舶的操纵性能和能见度情况

D. A、B 和 C 都对

10. 在决定安全航速时,应考虑的因素是________。

A. 能见度情况

B. 风、浪和流的状况

C. 通航密度

D. 以上都是

11. 下列哪种观点是正确的？

A. 在决定“安全航速”时，经济因素将是决定性因素

B. 在决定“安全航速”时，船长应以船公司的指令为依据

C. 在决定“安全航速”的诸因素中，船长首先应考虑航行的区域，即大海或狭水道，并将其视为首要因素

D. 在决定“安全航速”时，不但应全面考虑当时的环境和情况，还应注意本船的操纵性能与可使用的雷达性能

三、习题答案

1. B；2. D；3. B；4. A；5. D；6. D；7. D；8. B；9. D；10. D；11. D。

第七条　碰 撞 危 险

1. 每一船舶都应使用适合当时环境和情况的一切有效手段判定是否存在碰撞危险，如有任何怀疑，则应认为存在这种危险。

2. 如装有雷达设备并可使用的话，则应正确使用，包括远距离扫描，以便获得碰撞危险的早期警报，并对探测到的物标进行雷达标绘或与其相当的系统观察。

3. 不应根据不充分的资料，特别是不充分的雷达观测资料作出推断。

4. 在断定是否存在碰撞危险时，考虑的因素中应包括下列各点：

(1) 如果来船的罗经方位没有明显的变化，则应认为存在这种危险；

(2) 即使有明显的方位变化，有时也可能存在这种危险，特别是在驶近一艘很大的船舶或拖带船组时，或是在近距离驶近他船时。

一、《规则》条文与知识点解读

(一) 判断碰撞危险要素

(1) 最近会遇距离(Distance to Closest Point of Approach, DCPA)表示两船在会遇过程中最近时的距离，它是衡量两船是否可能发生碰撞的重要标准。

(2) 在 DCPA 小于安全距离时，到达最近会遇距离的时间(Time to Closest Point of Approach, TCPA)表示两船在会遇过程中构成碰撞危险的严重程度。TCPA 越小，表明船舶到达 DCPA 处的时间越短，危险程度越大；TCPA 越大，表明船舶到达 DCPA 处的时间较长，危险程度也相对较小。

(3) 碰撞危险与会遇形式、两船之间的距离和相对速度密切相关。

① 与其他会遇形式相比，当两船以相反或接近相反的航向相互驶近时，由于相对速度较高，碰撞危险来得会更早些。

② 在相同会遇形式下，距离远时碰撞危险的程度相对较小，甚至没有碰撞危险。

③ 在大海上，两艘高速船以相反或接近相反的航向驶近时，开始适用碰撞危险的距离可能大于 6n mile。

（二）判断碰撞危险

（1）每一船舶都应使用适合当时环境和情况的一切有效手段判断是否存在碰撞危险。

① 判断碰撞危险的最好方法是罗经方位判断法，即仔细观察来船的罗经方位是否有变化，而不是观察相对方位、舷角、航向交角等。

② 雾中判断碰撞危险的最有效方法是雷达标绘。

（2）不论是罗经方位判断法还是雷达标绘，实际上都是通过罗经方位判断是否存在碰撞危险的。如果来船的罗经方位没有明显的变化，则应认为存在这种危险；即使来船的罗经方位有明显的方位变化，有时也可能存在这种危险，这些情况如下。

① 驶近一艘很大的船舶时。

② 驶近一组拖带船组时。

③ 在近距离驶近他船时。

④ 来船或本船对航向和（或）航速作一连串的小变动时。

（3）当对是否存在碰撞危险有任何怀疑，则应认为存在碰撞危险。

（4）不应当根据不充分的资料作出推断。“不充分的资料”主要包括以下几种。

① 瞭望手段不当所获得的资料，如在雾中航行时，仅凭他船的雾号作出判断；能见度良好时，仅凭雷达观测，放弃视觉瞭望；使用雷达时，只有远距离挡探测的回波资料而无近距离挡探测的回波资料。

② 判断方法不当所获得的资料，如船舶偏荡较大时采用舷角判断法；在使用雷达进行观测时，不进行雷达标绘或与其相当的系统观察。

③ 未进行系统观测所获得的资料，如对他船的观测不连续、无规律或者观测次数太少所获得的资料。

④ 未消除误差的资料。对来船进行观测时，特别是用雷达观测时，不消除观测误差而直接使用观测资料，这样的资料可能是不充分的。

（三）正确使用雷达

（1）能根据当时的环境和情况选择适当的距离标尺，以便既能对所处水域的交通情况和碰撞危险的早期警报作出正确的判断，又能对近距离内的船舶运动状态作出更详细的分析与判断。

在海上用雷达协助避碰时,远距离挡通常选用 12n mile,并与 6n mile、3n mile 距离挡等交替使用,要对观测到的物标进行雷达标绘或与其相当的系统观察。

(2) 当船上有两台可使用的雷达时,可分别将其设在远、近距离挡,以消除由于雷达距离挡带来的任何限制。

(3) 熟练掌握雷达各种显示方式的特点,正确选择适合当时情况和需要的显示方式。在使用雷达判断碰撞危险时,可酌情选择航向向上显示方式或北向上显示方式,以便获得稳定的雷达图像显示。

(4) "雷达标绘"是指以一定的时间间隔测定物标的方位和距离,在反射标绘器上,或在雷达标绘纸(舰操图)上,或用计算法确定 DCPA 等信息,以断定是否存在碰撞危险;"与其相当的系统观察"是指能达到与雷达标绘同等效果的系统观察,如使用 ARPA,或将雷达屏幕上的固定距标圈、活动距标圈、电子方位线等结合起来使用,对物标进行连续的观测和分析。

二、习题

1. 每一船舶都应使用适合当时环境和情况的一切有效手段断定是否存在碰撞危险,如果有怀疑,应认为________。

A. 不存在碰撞危险

B. 等一等看,视情况发展而定

C. 存在碰撞危险

D. 以上都不对

2. 下列说法中正确的是________。

A. 有明显的方位变化就不存在碰撞危险

B. 用两次雷达观测的标绘,则可判明是否存在碰撞危险

C. 来船的罗经方位变化 10°,就可以认为不存在碰撞危险

D. 对是否存在碰撞危险有怀疑,则应认为存在碰撞危险

3. 下列何种船舶应使用适合当时环境和情况的一切可用手段断定是否存在碰撞危险?

A. 机动船

B. 每一船舶

C. 除失控船之外的任何船舶

D. 除锚泊船之外的任何船舶

4. 关于"碰撞危险"的叙述,下列哪个是正确的?

A. 如有任何怀疑,应认为存在碰撞危险

B. 即使来船的罗经方位有明显的变化,有时也可能存在碰撞危险

C. A 和 B 都对

D. A 和 B 都不对

5. 下列哪种观点是正确的?

A. 若对当时是否存在碰撞危险无法确定时,任何片面地认为“有或无”危险均是不符合良好船艺的

B. 不管是否存在碰撞危险,只要一时无法作出判断,则应认为存在碰撞危险

C. A 和 B 都对

D. A 和 B 都不对

6. 判断碰撞危险最好的方法是________。

A. 舷角判断法

B. 距离判断法

C. 桅灯水平张角判断法

D. 罗经方位判断法

7. 用来判断是否存在碰撞危险的方位应是________。

A. 相对方位

B. 电罗经方位

C. 磁罗经方位

D. B 和 C 都是

8. 用什么方法能更好地确定碰撞危险?

A. 查核与来船的距离

B. 仔细观察来船的罗经方位

C. 注意他船可能发出的任何信号

D. 观察来船桅灯夹角及舷灯颜色的变化

9. 在《规则》第七条“如果来船的罗经方位没有明显的变化,则应认为存在这种危险”一款中,“罗经方位”是指________。

A. 真方位

B. 相对方位

C. A 和 B 都对

D. A 和 B 都不对

10. 判断是否存在碰撞危险时,考虑的因素主要是来船方位变化情况,该方位是________。

A. 罗经方位

B. 舷角

C. 两船航向夹角

D. 以上都是

11. 雾中两船在海上相互驶近，决定是否存在碰撞危险的最有效方法是________。

A. 目测他船罗经方位的变化

B. 雷达标绘

C. 视觉信号询问

D. VHF 通话

12. 来船方位即使有明显变化，有时也可能存在碰撞危险的情况是________。

A. 驶近一艘很大的船组时

B. 驶近拖带船组时

C. 近距离驶近他船时

D. 以上都对

13. 来船方位有明显变化，也可能存在碰撞危险的情况有________。

A. 在远距离遇到在作一连串小转向的来船

B. 近距离驶近一艘大船时

C. A 和 B 都对

D. A 和 B 都不对

14. 下列做法中，不属于正确使用雷达的是________。

A. 把所有控钮调到最佳位置

B. 选择合适的距离标尺和显示方式

C. 由胜任人员保持连续观察，不用雷达标绘或与其相当的方法估计

D. 认真地进行雷达标绘

15. 在海上用雷达协助避碰时，通常把距离挡设在________。

A. 6n mile

B. 3n mile

C. 12n mile

D. 24n mile

16. 船舶装有雷达并可使用，应正确予以使用，包括________。

A. 远距离扫描

B. 对测到的物标进行雷达标绘

C. 进行相当的系统观察

D. 以上都对

17. 下列哪种观点是正确的？

A. 对 ARPA 雷达保持不间断的观察，应认为是一种与雷达标绘相当的系统观察

B. 在判断是否存在碰撞危险时，只有 ARPA 雷达是一种可信任的有效手段

C. 规则要求任何装有雷达的船舶均必须进行雷达标绘(作雷达运动图),否则将被认为是一种不正规的瞭望

D. 在进行雾中避让时,雷达标绘是不符合海员通常做法的

18. 在推断是否存在碰撞危险时,下列哪些资料是充分的?

A. 相对方位,粗略估计的距离

B. 凭雾号获得的资料

C. 利用雷达两次观测数据进行标绘

D. 以上都不是

19. 下列哪种观点是正确的?

A. 根据不充分的资料,从而作出任何推断(存在或不存在碰撞危险)均是《规则》所不允许的

B. 虽经系统的观察,但所掌握的资料仍显得不充分,因而只得假定存在碰撞危险,这种做法是符合《规则》的

C. A 和 B 都对

D. A 和 B 都不对

三、习题答案

1. C;2. D;3. B;4. C;5. B;6. D;7. D;8. B;9. A;10. A;11. B;12. D;13. C;14. C;15. C;16. D;17. A;18. D;19. C。

第八条　避免碰撞的行动

1. 根据本章各条规定采取避免碰撞的任何行动,如当时环境许可,应是积极的,并应及早地进行和注意运用良好的船艺。

2. 为避免碰撞而做的航向和(或)航速的任何变动,如当时环境许可,应大到足以使他船用视觉或雷达观测时容易察觉到;应避免对航向和(或)航速作一连串的小变动。

3. 如有足够的水域,则单用转向可能是避免紧迫局面的最有效行动,只要这种行动是及时的、大幅度的并且不致造成另一紧迫局面。

4. 为避免与他船碰撞而采取的行动,应能导致在安全的距离驶过。应细心查核避让行动的有效性,直到最后驶过让清他船为止。

5. 如需为避免碰撞或留有更多的时间来估计局面,船舶应当减速或者停止或倒转推进器把船停住。

6. (1) 根据本规则各条规定,要求不得妨碍另一船通过或安全通过的船舶应根据当时环境的需要及早地采取行动以留出足够的水域供他船安全通过。

(2) 如果在接近其他船舶致有碰撞危险时,被要求不得妨碍另一船通过或安

全通过的船舶并不解除这一责任，且当采取行动时，应充分考虑到本章各条可能要求的行动。

（3）当两船相互接近致有碰撞危险时，其通过不得被妨碍的船舶，仍有完全遵守本章各条规定的责任。

一、《规则》条文与知识点解读

（一）积极和及早地采取行动

“积极”是指果断、毫不犹豫地采取行动；“及早”是指在时间和距离两个方面都留有充分的余地。

（1）要在当时环境和情况允许的条件下积极、及早地采取行动。

（2）对于在开阔水域中 $L \geqslant 50\text{m}$ 的船舶，在互见中时，当与他船距离 3n mile 左右采取行动，即认为符合“及早”的要求；不在互见中时，对正横及正横以前的来船在相距 4~6n mile 时采取行动，对正横以后的来船在相距 3n mile 左右时采取行动，即可认为符合“及早”的要求。

（3）对于上述距离采取行动的要求，并不适用于规定最初保持航向航速的直航船。直航船采取行动必须符合《规则》第十七条第 1 款第（2）项的规定。

（二）良好船艺

（1）“良好船艺”是航海人员在长期的航海实践中由所积累的经验而形成的习惯做法，并已成为海员的惯例。对于避碰而言，运用在当时环境和情况下最适合的避碰行动，均属于良好船艺。

（2）《规则》不能涵盖良好船艺的全部，是良好船艺的一部分，未被《规则》包括进去的与避碰有关的海员通常做法也属于良好船艺。

（3）良好船艺是一名合格驾驶员应该具有的操纵技能，运用良好船艺，可选择在安全的地点和安全的时机，用安全的方法进行操纵，以防止事故或减小损失。

（4）在本条中，“良好的船艺”仅是指对所采取避碰行动的要求。在避碰过程中所采取的行动，不仅应遵守《规则》中的有关规定，还应符合《规则》未明确规定的与避碰行动有关的良好船艺的要求。在特殊情况和紧急关头而需背离《规则》时，更需要注意运用良好的船艺。

（5）良好船艺一般包括以下内容。

① 熟悉和掌握《规则》条文，并能正确执行。

② 准备抛锚时，应避免将锚位选在其他锚泊船的上风和（或）上水，并不应妨碍他船航行；锚泊时，应避免旋回时与他船碰撞；接近锚地时要注意他船的动向；在强风急流中进入锚地时，不应在锚泊船的上风和（或）上水驶过。

③ 锚泊中，也应保持正规瞭望，若发现他船走锚靠近本船时，应采取措施防止碰撞；风浪增强时，应备车并适当放长锚链，必要时用车顶风浪或抛出第二锚。

④ 在进出港时,若有他船也先后进出港,应注意他船的动态;在靠离码头时,如进行掉头操纵,应鸣放笛号,必要时应充分运用拖船。

⑤ 在遇到异常情况时,应立即报告船长;在船舶密度大的水域,船长应亲自指挥。

⑥ 在雾中、船舶密度大的区域和狭水道中拖带时,应缩短拖缆;在拖带中与他船有直接的紧迫危险时,如被拖船有操纵能力,必要时应解掉拖缆,使各船可独自采取行动。

⑦ 在狭水道内,逆水船应充分注意顺水船的操纵能力,主动避让顺水船;在浅水区航行时,要注意浅水效应和岸壁效应;在追越时,应防止发生船吸;当发现前船掉头时,应及时判明是否存在碰撞危险。

(三) 大幅度的行动

大幅度的行动是指他船用视觉或雷达能明显地察觉到本船所采取的避碰行动。采取大幅度避碰行动的目的是使来船很快明白本船的避让意图和行动,并有效地避免由于两船之间对避让行动意图的误解而采取不协调的行动。

(1) 应避免对航向和(或)航速采取一连串的小变动,即转向和(或)变速应一次完成。

(2) 在任何能见度情况下,转向避让时转向角度不应小于 30°,但也不是越大越好,太大反而可能会使避让效果变差,或可能与第三船形成新的紧迫局面。

(3) 在任何能见度情况下,减速避让时一次至少降速一半,必要时停车或倒转推进器把船停住。

(4) 单用转向可能是避免紧迫局面的最有效行动,但应同时具备以下条件。

① 有足够的水域。

② 行动是及时的、大幅度的。

③ 不致造成另一紧迫局面。

(四) 在安全距离驶过

为避免与他船碰撞而采取的行动,其目的是避免形成紧迫局面,应在安全的距离驶过。

(1) 安全距离的量化需要根据船舶所处的环境和具体条件来确定,主要应考虑能见度、船舶尺度、通航密度、天气海况、雷达性能、相对速度等因素。

(2) 在能见度良好的宽阔水域中,白天安全距离一般不小于 0.5n mile,夜间或风浪天气不小于 1n mile;在能见度不良的宽阔水域中,安全距离不小于 2n mile。

(3) 万吨级船舶,安全距离可大些;在受限水域、通航密度大时,安全距离可适当减小。

(4) 这一责任不适用于直航船。

（五）驶过让清

驶过让清是指对避碰行动的持续时间的要求，即船舶采取避碰行动后，不仅要在安全距离驶过，而且，避碰行动应持续到恢复原来的航向或航速后，不会形成新的碰撞危险。

只有当恢复原来的航向或航速后不会形成新的碰撞危险，避碰行动才可结束。

（六）查核避让行动的有效性

查核避让行动的有效性是对避碰行动应保持高度警觉的要求，即切不可认为采取避碰行动后碰撞就不会发生，而应该细心查核行动的有效性，保证两船在安全的距离上驶过。

（1）不管在互见中还是不在互见中，也不管是让路船、直航船或负有同等避让责任的船舶，都应查核避让行动的有效性。

（2）查核避让行动的有效性应贯穿于整个会遇过程当中，直到驶过让清为止。

（3）查核的内容包括：

① 本船所采取的避碰行动是否有效。

② 本船的操纵运动是否达到预期效果。

③ 对方是否采取了不协调的行动，避碰效果是否相抵消。

（七）减速或把船停住

为了避免碰撞或留有更多的时间估计局面，应减速、或停车、或倒车把船停住。

通常，至少在下列情况下应当减速或把船停住。

（1）在能见度不良的水域中航行时，听到他船雾号显示在正横以前，且不能断定是否存在碰撞危险，或者与正横以前的他船不能避免紧迫局面时。

（2）在通航密度较大的水域中航行时。

（3）驶近有居间障碍物遮蔽他船的航道弯头或地段和有背景亮光等严重妨碍正规瞭望的水域时。

（4）当发现他船动态不清、会遇态势不明，难以断定是否存在碰撞危险时。例如，在能见度不良的水域中航行时，在近距离上看到一船，但其航行灯微弱而无法断定其航行动态时。

（5）当发觉两船鸣放的操纵声号不一致或发觉来船采取了不协调行动时。

（6）与他船会遇且船舶的操纵性能受到各种限制时。

（7）在狭水道或航道中航行，同意他船追越时。

（8）在狭水道或港区内航行，转向避让的水域不足，而前方情况复杂或不明时。

（9）作为让路船，采取转向行动的措施受到限制时。例如，处于交叉中的让路船，由于水域或他船的阻拦而不能采取转向行动时；追越局面中的追越船，由于水域限制或受第三船阻拦而不能转向时。

(10) 多船相遇且致构成碰撞危险时。

(11) 遇到编队航行的军舰、渔船群或其他船队时。

(八) 不得妨碍

“不得妨碍”的责任关系是基于特定的环境和情况下船舶的操纵能力、作业性质、航行性质等确定的。“不得妨碍”要求“不得妨碍他船的船舶”不要影响“不得被他船妨碍的船舶”的安全通行。

1. 构成碰撞危险之前

(1) “不得妨碍他船的船舶”应尽可能采取在安全距离上驶过的方法航行,以留出足够的水域供“不得被他船妨碍的船舶”安全通过,并避免两船形成碰撞危险。

(2) “不得被他船妨碍的船舶”享有“不得被妨碍”的权利,他船应留出能够使其安全通过的充足水域,避免对其通过或安全通过造成影响。

2. 构成碰撞危险之后

1) “不得妨碍他船的船舶”

(1) “不得妨碍他船的船舶”在继续履行“不得妨碍”责任的同时,还应完全遵守由《规则》第二章其他条款确定的两船之间的避让责任,直到驶过让清为止。

(2) 根据《规则》第二章其他条款的规定,“不得妨碍他船的船舶”可能被指定为让路船或直航船,或两船都应采取避碰行动。如果为直航船,应遵守《规则》相关条款对直航船的行动规定,并应充分考虑负有的“不得妨碍”责任,注意配合让路船按《规则》规定采取的避让行动,使两船的行动协调一致;如果为让路船或两船都应采取避碰行动,所采取的行动应符合第二章相关条款的规定,避免形成紧迫局面。

2) “不得被他船妨碍的船舶”

(1) “不得被他船妨碍的船舶”不再享有“不得被妨碍”的权利,应完全遵守由《规则》第二章其他条款确定的两船之间的避让责任,直到驶过让清为止。

(2) “不得被他船妨碍的船舶”可能被指定为让路船或直航船,或两船都应采取避碰行动。如果“不得被妨碍的船舶”构成《规则》指定的直航船,应遵守《规则》相关条款对直航船的行动规定;如果为让路船或两船都应采取避碰行动,则该船应按《规则》第二章有关条款的规定采取避让(避碰)行动,同时还应注意到他船对本船可能正在采取的“不得妨碍”的行动,避免不协调的行动。

二、习题

1. 为避免碰撞所采取的任何行动,应是积极的,并应及早地进行和注意运用良好的船艺。它的先决条件是________。

A. 没有任何先决条件

B. 在当时环境许可的情况下

C. 保持正规瞭望

D. 使用安全航速

2. 船舶在任何能见度情况下,采取大幅度转向行动时,转向角一般不小于________。

A. 10°

B. 20°

C. 30°

D. 45°

3. 大幅度转向避让,在海上雾航时通常要求不小于________。

A. 10°

B. 15°

C. 20°

D. 30°

4. 为避免碰撞所采取的任何行动________。

A. 幅度越大,避让效果越好

B. 幅度越大,越符合规则

C. A 和 B 都对

D. A 和 B 都不对

5. 在用雷达进行避让中,要作大幅度的“宽让”,如用降速至少应降多少?

A. 当时速度的 1/4

B. 当时速度的 1/2

C. 当时速度的 3/4

D. 降到能维持航向的速度

6. 单用转向可能是避免紧迫局面的最有效的行动,其先决条件是________。

A. 及时的、大幅度的

B. 不致造成另一紧迫局面

C. 有足够的水域

D. 以上都对

7. 转向避让时,慢船应比快船________。

A. 转得大

B. 转得小

C. 一样

D. 转得晚

8. 海上有雾时,当两船之间的距离达到多少时,通常视为“紧迫局面”?

A. 0. 5 ~ 1n mile

B. 1 ~ 2n mile

C. 2 ~ 3n mile

D. 3n mile 左右

9. 下列哪种观点是正确的?

A. 只要能导致在安全的距离上驶过,任何行动都是正确的

B. 只要能避免碰撞的发生,任何行动都是符合《规则》规定的

C. 只要能避免紧迫局面的形成,任何行动都是《规则》允许的

D. 避免紧迫局面的形成是让路船的法定责任

10. 船舶在足够的水域中能及时地、大幅度地,且不致造成其他紧迫局面的转向,可能是________。

A. 最有效的行动

B. 避免紧迫危险的最有效的行动

C. 避免紧迫局面的最有效的行动

D. 避免碰撞的最有效的行动

11. 下列哪种观点是正确的?

A. 两船相遇,避免紧迫局面的最有效的行动是大幅度转向

B. 两船相遇,避免紧迫局面的最有效的行动是大幅度变速

C. 以上都对

D. 以上都不对

12. 避免紧迫局面的最有效的行动是指________。

A. 大幅度转向

B. 及早采取全速后退的行动

C. 不致造成另一紧迫局面的行动

D. 以上均不一定是避免紧迫局面的最有效的行动

13.《规则》规定的为避免碰撞所采取的行动,其目的是________。

A. 不致发生碰撞

B. 最大限度减小碰撞损失

C. 避免紧迫局面形成,能导致两船在安全的距离驶过

D. 以上均不是

14.《规则》中规定,为避免与他船碰撞而采取的行动,应能导致________。

A. 紧迫局面消失

B. 让请他船

C. 在安全的距离上驶过

D. 避免碰撞

15. 为避免碰撞而采取的行动,应能导致________。

A. 在安全的距离上驶过

B. 各从他船的右舷驶过

C. 各从他船的左舷驶过

D. 各从他船的船尾方向驶过

16. 为避免碰撞或留有更多时间估计局面,船舶应________。

A. 及早地大幅度转向

B. 使用安全航速

C. 运用良好的船艺

D. 减速、停车或倒车把船停住

17. 白天驾驶船舶驶近某障碍物附近时,发现右舷有一来船,致有构成碰撞危险时,可以采取的避让行动是________。

A. 保向保速

B. 减速甚至停车,让来船驶过后再航行

C. 向左转向鸣放二短声,从来船的前方驶过

D. A 和 C 的行动都对

18. 船舶在海上航行,发现与来船可能构成碰撞危险,但对其动态及所造成的局面估计不清时,应________。

A. 继续航行,等待来船避让

B. 继续观察并大幅度右转

C. 继续观察并大幅度左转

D. 继续观察并减速、停车或倒车把船停住

19. 当驾驶的机动船对两船相遇局面难以断定时,最好________。

A. 减速

B. 停船

C. 把自己当作让路船

D. 把自己当作直航船

20. "不得妨碍"意味着一船________。

A. 应尽可能采取避免发生紧迫危险的方法航行

B. 应尽可能以缓慢的速度航行

C. 应尽可能采取在安全距离上驶过的方法航行,或是避免发生碰撞危险的方法航行

D. 应沿着航道中心线行驶

21. "不得妨碍"规定意味着,不应妨碍他船的船舶________。

A. 应采取不致于与他船构成碰撞危险的航法航行

B. 应采取不致于与他船构成紧迫危险的航法航行
C. 应采取不致于与他船发生碰撞的航法航行
D. 应采取不致于与他船构成紧迫局面的航法航行
22. “不得妨碍”意味着一船________。
A. 应尽可能采取避免发生紧迫危险的方法航行
B. 应尽可能缓慢地航行
C. 应尽可能采取在安全距离上驶过的方法航行
D. 应沿着航道中心线行驶,以免过分接近右侧航行的船舶
23. “不得妨碍”意味着一船________。
A. 尽可能采取避免发生紧迫局面的方法航行
B. 尽可能采取避免发生碰撞危险的方法航行
C. 采取行动以留出足够的水域供他船安全通过
D. B 和 C 都对
24. “不得妨碍”规定适用于________。
A. 两船相遇致构成碰撞危险之后
B. 两船相遇,尚未构成碰撞危险之前
C. A 和 B 都对
D. A 和 B 都不对
25. 下列哪种观点是正确的?
A. 一艘不应妨碍他船航行的船舶应视为一艘让路船
B. 一艘不应被妨碍的船舶应视为一艘直航船
C. A 和 B 都对
D. A 和 B 都不对
26. 被规定“不得妨碍”他船的船舶,当与他船构成碰撞危险时,认为________。
A. 让路船
B. 可能是一艘直航船
C. A 和 B 都对
D. A 和 B 都不对
27.《规则》中规定的“不得妨碍”他船的船舶是________。
A. 直航船
B. 让路船
C. 本身操纵方便的船
D. A、B 和 C 均可能

三、习题答案

1. B;2. C;3. D;4. D;5. B;6. C;7. A;8. C;9. D;10. C;11. D;12. D;13. C;14. C;15. A;16. D;17. B;18. D;19. A;20. C;21. A;22. C;23. D;24. C;25. D;26. B;27. D。

第九条　狭　水　道

1. 船舶沿狭水道或航道行驶时,只要安全可行,应尽量靠近本船右舷的该水道或航道的外缘行驶。

2. 帆船或者长度小于 20m 的船舶,不应妨碍只能在狭水道或航道以内安全航行的船舶通行。

3. 从事捕鱼的船舶,不应妨碍任何其他在狭水道或航道以内航行的船舶通行。

4. 船舶不应穿越狭水道或航道,如果这种穿越会妨碍只能在这种水道或航道以内安全航行的船舶通行。后者若对穿越船的意图有怀疑时,可以使用第三十四条第 4 款规定的声号。

5. (1) 在狭水道或航道内,如只有在被追越船必须采取行动以允许安全通过才能追越时,则企图追越的船,应鸣放第三十四条第 3 款第(1)项所规定的相应声号,以表示本船的意图。被追越船如果同意,应鸣放第三十四条第 3 款第(2)项所规定的相应声号,并采取使之能安全通过的措施。如有怀疑,则可以鸣放第三十四条第 4 款所规定的声号。

(2) 本条并不解除追越船根据第十三条所承担的义务。

6. 船舶在驶近可能有其他船舶被居间障碍物遮蔽的狭水道或航道的弯头或地段时,应特别机警和谨慎地驾驶,并应鸣放第三十四条第 5 款规定的相应声号。

7. 任何船舶,如当时环境许可,都应避免在狭水道内锚泊。

一、《规则》条文与知识点解读

(一) 狭水道与航道

“狭水道”通常是指可航水域宽度狭窄、船舶操纵受到一定限制的通航水域;“航道”通常是指一个开敞的可航水道或者经疏浚并维持一定水深的水道。

(1) 宽度为 2n mile 左右的水道即可被认为是狭水道,而宽度为 4n mile 的水道不适用于狭水道规定;狭水道规定还适用于两个突堤码头之间的通道以及港区进口浮标向外 100m 的水域,但当船舶能在浮标线以外安全航行时,则浮标之间的水域不适用于狭水道规定。

(2) 狭水道或航道通常受沿岸国家管辖,如果沿岸国家为其管辖的狭水道或者航道制定有特殊规定,应优选遵守特殊规定。

（3）该条款不适用于分道通航制中的通航分道。

（二）一般航行规定

（1）船舶只有在沿狭水道或航道行驶时，才被要求尽量靠近本船右舷的水道或航道的外缘行驶。这一规定适用于任何能见度情况。

（2）船舶“靠近本船右舷的该水道或航道的外缘行驶”，并非一定在狭水道或航道中央线的右侧行驶，而应根据狭水道或航道的水深分布情况和吃水大小，决定其在狭水道或航道中航行的区域。

（3）船舶“靠近本船右舷的该水道或航道的外缘”的程度必须以“只要安全可行”为前提条件。“只要安全可行”是指船舶不致发生搁浅、触岸、岸吸岸斥等任何航行危险，也不需要为防止航行危险而频繁转向。因此，浅吃水的船舶通常应比深吃水的船舶更靠近右侧行驶。

（4）操纵能力受到限制的船舶也要遵守“靠近本船右舷的该水道或航道的外缘行驶”的规定，不能借口工作性质而违反该规定。

（5）帆船也要遵守“靠近本船右舷的该水道或航道的外缘行驶”的规定，如果因风向的原因不能做到，应至少遵守本条第2款“不应妨碍”的规定。

（6）平时沿狭水道或航道的中心线行驶，只有遇到来船沿相反方向驶来时才转移到该水道或航道的外缘行驶的做法不符合规定。

（7）在狭水道或航道中行驶的船舶，在遵守地方特殊规定中有关限速规定的同时，还应注意使用安全航速，此外，在狭水道或航道中，以及进出港时备车、备锚航行也是良好船艺的要求。

（8）在狭水道或航道中遇到帆船在前方掉樯时，应减速或停车，等帆船完成掉樯并驶过后再航行。

（三）在狭水道或航道内追越

（1）在狭水道或航道内追越时应鸣放追越声号的规定，只适用于在互见中的追越，不适用于任何能见度的情况。

（2）只有在被追越船必须采取行动以允许安全通过才能追越时，才应鸣放追越声号，并且应在追越前鸣放相应声号，等将要被追越的船同意后方可追越，不可边鸣放边追越。

（3）企图追越的船如果要从他船的右舷追越，应用号笛鸣放“——·”；如果要从他船的左舷追越，应用号笛鸣放“——··”。将要被追越的船，如果同意他船追越，应鸣放“—·—·”；如果不同意他船追越，可鸣放至少五短声怀疑声号。

（4）一船在狭水道或航道内追越另一船时，不论是否需要被追越船采取行动配合追越船安全通过，也不论被追越船是否同意追越，追越船均应给被追越船让路。被追越船鸣放同意追越的声号，并不意味可免除追越船的让路责任。

（5）追越船鸣放追越声号后，没听到任何回答声号就开始追越，或听到被追越船鸣放怀疑声号后还强行追越,都不符合良好船艺要求。

(6) 由于船舶沿狭水道航行时应尽可能靠近其右舷的该水道或航道的外缘行驶,追越船选择从被追越船的左舷追越是良好船艺的做法。

(7) 被追越船在鸣放同意声号后,应采取以下相应行动。

① 远离追越船企图通过的航道一侧,使其有更大的安全通过距离。

② 减速以缩短两船互相平行贴近的时间,最大限度减小两船间的相互作用。

(8) 船舶不宜在能见度不良、通航密度较大的地段、航道的弯曲地段等不适合追越的环境和情况下追越。

(四) 驶过弯道

(1) 在任何能见度情况下,船舶在驶近可能有其他船舶被居间障碍物遮蔽的狭水道或航道的弯头或地段时,应用号笛鸣放一长声声号;处于弯头另一侧或居间障碍物后方的船舶听到后,应回答一长声;船舶听到回答的一长声声号后,还应再回复一长声声号。

(2)《规则》没有规定距弯头多远时应鸣放一长声声号,但习惯上在距离0.5~1n mile 范围内鸣放。

(3) 船舶在驶近可能有其他船舶被居间障碍物遮蔽的狭水道或航道的弯头或地段时,应特别机警和谨慎地驾驶。

① 严格按照规定,尽量靠近本船右舷的水道或航道的外缘行驶,不应抄近路而驶入对方航道。

② 应采取适合当时环境和情况的安全航速行驶,保持正规的瞭望。

③ 当听到弯头另一侧有他船声号时,应特别谨慎驾驶,必要时,顶水船应在下游处等候,等顺水船驶过弯头后,再驶入弯头,避免两船在弯头处相遇。

④ 当两船在弯头处相遇时,双方应在交换通过信号后再行驶通过。

⑤ 当发现来船行驶在本船航道并相互驶近,可鸣放警告信号并减速或停车;如果继续逼近,应把船停住,必要时可抛锚,以避免碰撞。

(五) 避免在狭水道内锚泊

(1) 在任何能见度情况下,任何船舶,如当时环境许可,都应避免在狭水道内锚泊。

(2) "当时环境许可"一般是指:借助雷达航行的船舶在遇到浓雾时,虽然视觉、听觉瞭望困难,但可用雷达对环境和情况进行瞭望;雷阵雨即将来临,但当时气候条件还允许航行,尚有时间避开深水航道到浅水区抛锚等。

(3) "当时环境不许可"一般是指:机动船主机和(或)舵机故障,致使船舶失去控制;帆船遇到恶劣天气无法继续航行;在浓雾中雷达发生故障等。

(4) 即使出现特殊情况,也应尽可能采取措施,在不影响他船正常航行的地点锚泊。

（六）“不得妨碍”的船舶

1. 帆船或者长度小于 20m 的船舶

在任何能见度情况下，帆船或者长度小于 20m 的船舶不应妨碍只能在狭水道或航道以内安全航行的船舶通行。

（1）“狭水道或航道以内”是指狭水道或航道内侧的深水区域。

（2）“只能在狭水道或航道以内安全航行的船舶”是指由于水域宽度的限制，致使其转向能力严重地受到限制的船舶。因此，判断一般是否属于该类船舶的标准是其偏离所驶航向的能力是否严重受到限制，限于吃水的船舶只是其中的一种。

（3）长度为 20m 以上的船舶，按照海员通常做法，也应考虑航道的宽度和深度，主动让清航道，为只能在狭水道或航道以内安全航行的船舶的通行提供方便。

2. 从事捕鱼的船舶

在任何能见度情况下，从事捕鱼的船舶不应妨碍任何其他在狭水道或航道以内航行的船舶通行。

“任何其他在狭水道或航道以内航行的船舶”包括帆船、长度小于 20m 的船舶以及穿越狭水道或航道的船舶。

3. 穿越狭水道或航道的船舶

在任何能见度情况下，穿越狭水道或航道的船舶，不应妨碍只能在狭水道或航道以内安全航行的船舶通行。

（1）《规则》不禁止船舶穿越狭水道或航道，但穿越应不妨碍只能在狭水道或航道以内安全航行的船舶通行。

（2）“穿越狭水道或航道”通常是指穿越航道一侧进入航道另一侧、穿越整个狭水道或航道等情况。

（3）只能在狭水道或航道以内安全航行的船舶，当对穿越船的意图有怀疑时，可以鸣放至少五短声的怀疑声号。值得注意的是，尽管穿越狭水道或航道的船舶“不得妨碍”规定适用于任何能见度情况，但鸣放至少五短声怀疑声号只适用于互见中，因此，当“只能在狭水道或航道以内安全航行的船舶”对穿越船的意图有怀疑，并且是在互见中时，才可鸣放至少五短声的怀疑声号。

二、习题

1. 狭水道条款适用于________。

A. 除帆船和长度小于 20m 的船舶以外的船

B. 除从事捕鱼的船舶以外的船

C. 一切船舶

D. B 和 C 都对

2. 狭水道中右行规则适用于________。

A. 非机动船之外的任何船舶

B. 除长度小于 20m 的船舶和帆船以外的任何船舶

C. 除失控船、操限船外的任何船舶

D. 任何在狭水道或航道内行驶的船舶

3. 下列哪种观点是正确的？

A. 在任何情况下，船舶应尽量靠近其右舷的航道外缘行驶

B. 只要安全可行，船舶应尽量靠近其右舷的航道外缘行驶

C. 由于工作性质，操限船可以背离右行规定

D. 由于帆船的操纵特点，所以背离右行规定是无可非议的

4. 船舶沿狭水道或航道行驶时，只要安全可行，应尽量________。

A. 靠右航行

B. 靠近其右舷一边行驶

C. 靠近其右舷的该水道或航道的外缘行驶

D. 靠近其右舷的该水道或航道行驶

5. 下列哪项条款适用于能见度不良的情况？

A. 追越

B. 对遇局面

C. 狭水道

D. 以上都不适用

6. 在狭水道航行的船舶采用安全航速是指________。

A. 备车航行的速度

B. 地方规则规定的限速

C. 从前进三改到前进一的速度

D. 以上都不对

7. 一船在狭水道或航道内未备锚行驶，该做法是________。

A. 对遵守《规则》各条的疏忽

B. 对海员通常做法可能要求的任何戒备上的疏忽

C. 以当时特殊情况可能要求的任何戒备上的疏忽

D. 只要已备车航行，即应认为业已符合良好船艺的要求

8. 在弯曲航道中循相反方向行驶的两艘机动船，应遵守________。

A. 交叉相遇条款

B. 直航船的行动条款

C. 狭水道条款

D. 船舶之间的责任条款

9. 在狭水道中，遇到帆船在你驾驶的大船航道掉樯时，此时的安全操纵避让

行动是________。

A. 转向对帆船的船尾

B. 转向对帆船的船首

C. 减速或停车,让帆船掉樯驶过

D. 鸣笛警告且保向保速

10. 帆船不应妨碍________。

A. 只能在狭水道或航道以内安全航行的船舶通行

B. 任何其他在狭水道或航道以内航行的船舶通行

C. 机动船在狭水道或航道以内航行

D. 限于吃水船在狭水道或航道以内航行

11. 长度小于________ m 的船舶,不应妨碍只能在狭水道或航道以内安全航行的船舶通行。

A. 7

B. 12

C. 20

D. 50

12. “只能在狭水道或航道以内安全航行的船舶”是指________。

A. 船长大于 20m

B. 操限船

C. 由于水深受限,致使其转向能力严重地受到限制的机动船

D. 由于水域宽度受限,致使其转向能力严重地受到限制的船舶

13. 判断一船是否属于“只能在狭水道或航道以内安全航行的船舶”的依据是________。

A. 船舶的吨位

B. 船舶的长度

C. 航道的水深

D. 偏离所驶航向的能力

14. 下列哪种观点是正确的?

A. 限于吃水船应属于《规则》第九条“狭水道”中提及的“只能在狭水道或航道以内安全航行的船舶”

B. “只能在狭水道或航道以内安全航行的船舶”指的就是“限于吃水的船舶”

C. A 和 B 都对

D. A 和 B 都不对

15. 长度大于或等于 20m 的机动船,但又不是一艘“只能在狭水道或航道以内安全航行的船舶”,则该船________。

A. 应与长度小于 20m 的船舶一样,不应妨碍“只能在狭水道或航道以内安全航行的船舶”的安全通行

B. 可不执行《规则》第九条第 2 款“帆船或者长度小于 20m 的船舶,不应妨碍只能在狭水道或航道以内安全航行的船舶通行”的规定

C. A 和 B 都对

D. A 和 B 都不对

16. 在狭水道中,一船“不应妨碍”另一船,就意味着“不妨碍他船的船舶”应________。

A. 尽可能采取避免发生紧迫危险的方法航行

B. 尽可能缓慢地航行

C. 尽可能采用两船在安全距离上驶过的方法航行

D. 沿航道中心线航行,以避免过分接近靠右航行的船舶的安全通行

17. 不应妨碍任何其他在狭水道内航行船舶通行的是________。

A. 帆船

B. 长度小于 20m 的船舶

C. 从事捕鱼的船舶

D. A、B 和 C 都是

18. 从事捕鱼的船舶不应妨碍________。

A. 只能在狭水道或航道以内安全航行的船舶通行

B. 任何其他在狭水道或航道以内航行的船舶通行

C. 机动船在狭水道或航道以内航行

D. 限于吃水的船舶在狭水道或航道以内航行

19. 穿越狭水道或航道的船舶不应妨碍________。

A. 任何在狭水道或航道以内航行的船舶通行

B. 只能在狭水道或航道以内安全航行的船舶通行

C. A 和 B 都对

D. A 和 B 都不对

20. 穿越狭水道或航道的船舶不应妨碍________。

A. 任何在狭水道或航道以内航行的船舶

B. 任何在狭水道或航道以内航行的机动船

C. 只能在狭水道或航道以内安全航行的船舶

D. 只能在狭水道或航道以内安全航行的机动船

21. 根据《规则》规定________。

A. 穿越航道的船就是一艘让路船

B. 根据交叉规则,穿越航道的船可能是一艘直航船

C. 穿越航道的船舶首先负有让清他船的责任与义务

D. 穿越航道的船舶不应妨碍任何在狭水道或航道内航行的机动船的通行

22. 狭水道内关于追越的规定被写进"船舶在任何能见度情况下的行动规则",它适用于________。

A. 任何能见度情况

B. 互见中

C. 能见度不良的情况

D. 以上都不对

23. 下述提法正确的是________。

A. 在狭水道或航道内,一艘追越他船的船舶,应按规定鸣放相应的追越声号

B. 在狭水道或航道内互见时,任何企图追越他船的船舶均应鸣放相应的追越声号

C. 在狭水道或航道内,追越船是否应鸣放追越声号,将取决于追越船船长对当时是否能安全通过所作出的判断

D. 互见时,在狭水道或航道内,不管当时情况如何,企图追越前船的船舶鸣放相应的追越声号将是一种优良船艺的表现

24. 在狭水道,追越船欲从被追越船的左舷通过时,应鸣放________。

A. 二长声继以一短声

B. 二长声继以二短声

C. 一长声继以三短声

D. 一长一短一长一短

25. 在狭水道或航道内,企图追越他船的船舶应________。

A. 鸣放追越声号,以征求被追越船同意之后,方可追越

B. 不必鸣放追越声号,即可自行追越

C. 鸣放追越声号之后,即可自行追越

D. 若对本船是否能安全追越持有怀疑时,应鸣放追越声号,直至被追越船采取相应措施之后方可追越

26. 在狭水道或航道内,企图追越他船的船舶应鸣放追越声号,指的是下列哪种情况?

A. 任何情况

B. 大船追小船

C. 小船追大船

D. 只有在被追越船必须采取行动以允许安全通过时

27. 帆船在航道里从机动船左舷追越,应是________。

A. 直航船,并鸣放二短声

B. 直航船,不必鸣放声号

C. 让路船,并鸣放二长二短

D. 让路船,不必鸣放声号

28. 在狭水道或航道内,当你船企图追越他船,根据良好的船艺,你船应从________。

A. 他船的左舷追越

B. 他船的右舷追越

C. A 和 B 都对

D. A 和 B 都不对

29. 下列哪种观点是正确的?

A. 在狭水道或航道内,任何追越行为均是不符合良好船艺的行为

B. 在狭水道或航道内,追越船选择从被追越船左舷追越是海员的一种通常做法,也是一种良好船艺的做法

C.《规则》要求被追越船"采取使之(注:追越船)能安全通过的措施",就意味着被追越船负有让路的责任与义务

D. 追越船只有被赋有保向保速的权利,才能有效地保持平行追越,消除航向的交角以避免船吸形成

30. 在狭水道或航道内,一船听到后船鸣放追越声号时,应________。

A. 立即鸣放同意声号

B. 可不鸣放任何声号,任其追越

C. 若同意追越,应鸣放同意声号,并采取相应的行动

D. 立即采取相应的行动,以允许安全通过

31. 过弯道《规则》(第九条第 6 款)适用于________。

A. 狭水道或航道的弯头

B. 有其他船舶被居间障碍物遮蔽的狭水道或航道的弯头或地段

C. 有其他船舶被居间障碍物遮蔽的地段及狭水道或航道的弯头

D. 狭水道或航道的弯头或通航密度较大的地段

32. 当听到从右首侧弯道后面传来一长声时,应________。

A. 回答一长声

B. 回答一长声,继续保持在航道右侧行驶

C. A 和 B 都对

D. A 和 B 都不对

33. 任何船舶如当时环境许可,都应避免在狭水道内________。

A. 追越

B. 锚泊

C. 停船

D. 掉头

三、习题答案

1. C;2. D;3. B;4. C;5. C;6. D;7. B;8. C;9. C;10. A;11. C;12. D;13. D;14. A;15. B;16. C;17. C;18. B;19. B;20. C;21. B;22. B;23. D;24. B;25. D;26. D;27. C;28. A;29. B;30. C;31. B;32. B;33. B。

第十条　分道通航制

1. 本条适用于本组织采纳的分道通航制,但并不解除任何船舶遵守任何其他各条规定的责任。

2. 使用分道通航制区域的船舶应:

(1) 在相应的通航分道内顺着该分道的船舶总流向行驶;

(2) 尽可能让开通航分隔线或分隔带;

(3) 通常在通航分道的端部驶进或驶出,但从分道的任何一侧驶进或驶出时,应与分道的船舶总流向形成尽可能小的角度。

3. 船舶应尽可能避免穿越通航分道,但如不得不穿越时,应尽可能用与分道的船舶总流向成直角的船首向穿越。

4. (1) 当船舶可安全使用邻近分道通航制区域中相应通航分道时,不应使用沿岸通航带。但长度小于 20m 的船舶、帆船和从事捕鱼的船舶可使用沿岸通航带。

(2) 尽管有本条第 4 款第(1)项规定,当船舶抵离位于沿岸通航带中的港口、近岸设施或建筑物、引航站或任何其他地方或为避免紧迫危险时,可使用沿岸通航带。

5. 除穿越船或者驶进或驶出通航分道的船舶外,船舶通常不应进入分隔带或穿越分隔线,除非:

(1) 在紧急情况下避免紧迫危险;

(2) 在分隔带内从事捕鱼。

6. 船舶在分道通航制区域端部附近行驶时,应特别谨慎。

7. 船舶应尽可能避免在分道通航制区域内或其端部附近锚泊。

8. 不使用分道通航制区域的船舶,应尽可能远离该区。

9. 从事捕鱼的船舶,不应妨碍按通航分道行驶的任何船舶的通行。

10. 帆船或长度小于 20m 的船舶,不应妨碍按通航分道行驶的机动船的安全通行。

11. 操纵能力受到限制的船舶,当在分道通航制区域内从事维护航行安全的作业时,在执行该作业所必需的限度内,可免受本条规定的约束。

12. 操纵能力受到限制的船舶,当在分道通航制区域内从事敷设、维修或起捞海底电缆时,在执行该作业所必需的限度内,可免受本条规定的约束。

一、《规则》条文与知识点解读

(一) 船舶定线制相关含义

分道通航制是船舶定线制的一种主要形式。船舶定线制包括分道通航制、双向航路、推荐航线、推荐航路、避航区、沿岸通航带、环形道、警戒区和深水航路等定线措施,可根据实际需要单独或组合起来使用。

结合本条规定,应重点掌握以下船舶定线制相关概念。

(1) 分道通航制是通过适当方法和建立通航分道,将相反的交通流隔开的一种船舶定线措施。

(2) 沿岸通航带是位于分道通航制向岸一侧边界与邻近的海岸之间,供沿岸区间通航使用的一个区域。

(3) 避航区是由一个区域构成的一种定线措施。所有船舶或者某类船舶应避免进入该区域规定的界限内。

(4) 环形道是由一个分隔点或圆形分隔带和一个规定界限的环形通航分道所组成的一种定线措施。在环形通道内,船舶逆时针方向环绕分隔点或分隔带航行。

(5) 警戒区是由一个区域构成的一种定线措施。船舶在该区域中航行时必须特别谨慎地驾驶。警戒区通常设在几条航路会聚到一处的交点区域,用于提醒船舶谨慎航行。

(6) 分隔带或分隔线是将相反或接近相反方向行驶的交通流的通航分道分隔开;或把通航分道与邻近的海区分隔开;或把指定为同向行驶的特殊类型船舶使用的通航分道分隔开的一个区域或一条线。

(7) 通航分道是在规定界限内建立单向通航的一种区域。该区域可以由分隔带、分隔线或自然碍航物构成其边界。

(二) 分道通航制适用

(1)《规则》第十条只适用于国际海事组织(International Maritime Organization, IMO)采纳的分道通航制,未被国际海事组织(IMO)采纳的分道通航制不适用。

(2) 建立了分道通航制,同时又是狭水道或航道的水域,只适用《规则》第十条分道通航制条款,不适用《规则》第九条狭水道条款,同时,当地主管机关也不应再制定特殊规定。

(3) 在紧急情况下,当地主管机关可以针对 IMO 采纳的某一分道通航制进行适当调整,并可以在 IMO 批准前履行这种变动。

(4) 虽然《规则》第十条不适用于未被 IMO 采纳的分道通航制,但遵守这一分道通航制规定可认为是良好船艺的表现。

(5) 虽然未被 IMO 采纳的分道通航制不适用《规则》第十条,但在该水域中,《规则》其他条款仍然适用。

(6) 船舶在 IMO 采纳的分道通航制区域,不仅应遵守《规则》第十条规定,也应遵守《规则》其他条款。例如,一艘驶入相反通航分道的船舶与一艘沿着分道船舶总流向行驶的船舶对驶相遇构成碰撞危险时,绝不能简单地把驶错分道的船舶当作让路船,而应按《规则》第十八条(船舶之间的责任)或第十四条(对遇局面)确定避让责任并采取相应行动。

(7) 操纵能力受到限制的船舶,当在分道通航制区域内从事维护航行安全的作业,以及从事敷设、维修或起捞海底电缆时,在其作业所需限度内,不受《规则》第十条规定约束。

(三)使用分道通航制区域

"使用分道通航制区域"是指在通航分道内航行,不包括在通航分道的界外行驶、穿越通航分道、在分隔带内、在沿岸通航带内行驶。

(1) 任何使用分道通航制区域的船舶,都应在相应的通航分道内顺着该分道的船舶总流向行驶,并应尽可能让开分道两侧分隔线或分隔带。

① "任何船舶"包括帆船和从事捕鱼的船舶。

② 如果深水航道设在分道通航制之内,则《规则》第十条适用,在深水航道内的船舶应顺着海图上箭头所示的船舶总流向行驶;如果深水航道设在分道通航制之外,则适用《规则》第九条,《规则》第十条不再适用,船舶在深水航道内航行时,应按海图上箭头所示的单向或双向行驶,并且当使用双向行驶的深水航道时,应尽量靠近本船右舷的该深水航道的外缘行驶。

(2) 在同一个分道内从一侧转移到另一侧时,应以与分道内船舶总流向形成尽可能小的角度的航向航行。

(3) 任何使用分道通航制区域的船舶,通常应在通航分道的端部驶进或驶出通航分道,并应以与分道内船舶总流向形成尽可能小的角度的航向逐渐顺入或顺出,其目的如下。

① 避免对在通航分道端部的其他船舶产生突然干扰和阻拦,从而避免整个船舶流受到阻塞和导致混乱。

② 对驶进或驶出的船舶,可有更多时间估计局面。

③ 对在通航分道内的船舶,可有充分的警告和避让准备时间。

(4) 如果距离通航分道的端部较远,则允许船舶从分道的任何一侧驶进或驶出,包括穿越一个分道驶进另一个分道,或者驶出一个分道后穿越另一个分道。但应注意以下几点。

① 驶进或驶出通航分道时,应采用与分道的船舶总流向形成尽可能小的角度的航向。

② 如果需要穿越通航分道，则应遵守穿越通航分道的规定，即应尽可能用与分道的船舶总流向成直角的船首向穿越。

(5) 国际信号简语"YG"意指"你船未遵守分道通航制"，因此，使用分道通航制区域的船舶，当收到"YG"信号后，应立即核对船位和航向，并立即采用正确的航法航行。

(四) 穿越通航分道

穿越通航分道，既包括穿越整个通航分道制区域，也包括穿越一个分道进入另一个分道，或者驶出一个分道而穿越另一个分道。

(1) 船舶应尽可能避免穿越通航分道。

(2) 如果不得不穿越时，则应尽可能用与分道的船舶总流向成直角的船首向穿越。

① "船首向"应理解为航向，而不是航迹向。

② 只有在遇有特殊情况，如天气海况恶劣、需要避让他船时，采用与分道船舶总流向的夹角明显小于90°的船首向才被认为是正当的。

③ 由于风向的原因，帆船穿越通航分道时，可能做不到以直角的船首向穿越。

(3) 与穿越狭水道的规定不同的是，在分道通航制区域内，不要求穿越通航分道的船舶"不得妨碍"其他船舶。

(4) 在穿越过程中，如果穿越通航分道的船舶与他船会遇并构成碰撞危险，应按照《规则》有关条款确定避碰责任。例如，一艘穿越通航分道的机动船与沿船舶总流向行驶的另一艘机动船构成交叉相遇局面时，适用《规则》第十五条的规定。

(5) 当船舶穿越深水航道，如果深水航道设在分道通航制之内，应遵守穿越通航分道的规定，以与分道的船舶总流向成直角的船首向穿越，并且主动给深吃水船让路是良好船艺的表现；如果深水航道设在分道通航制之外，没有要求与航道成直角穿越，但采取直角穿越，并主动给深吃水船让路是良好船艺的表现。

(五) 沿岸通航带使用

(1) 沿岸通航带内没有规定船舶流向，船舶可以根据自己的需要确定航法。

(2) 为了减小沿岸通航带内的船舶通航密度，《规则》要求当船舶可安全使用邻近分道通航制区域中相应通航分道时，不应使用沿岸通航带。

(3) "可安全使用邻近分道通航制区域中相应通航分道"的船舶，不仅包括在分道通航制区域内的非过境船舶，也包括航经该区域的过境船舶。因此，不论是否为过境船舶，只要可安全使用邻近分道通航制区域中相应通航分道，就不应使用沿岸通航带。

(4) 下列船舶可使用沿岸通航带。

① 长度小于20m的船舶、任何长度的帆船和从事捕鱼的船舶，可使用沿岸通航带。

② 抵离位于沿岸通航带中的港口、近岸设施或建筑物、引航站或任何其他地

方的船舶，可使用沿岸通航带。但只要可行，不应过早使用沿岸通航带。

③ 为避免紧迫危险的船舶，可使用沿岸通航带。当危险过去之后，船舶应尽快回到通航分道内。

④ 不能安全使用邻近分道通航制区域中相应通航分道的船舶。

(5) 应注意的是，有些沿岸通航带位于沿海国政府的主权水域，可能制定有特殊规定，如禁止超过一定尺寸的船舶和载运某些特殊货物的船舶使用沿岸通航带，对此应事先了解并严格遵照执行。

(六) 进入分隔带或穿越分隔线

(1) 船舶通常不应进入分隔带或穿越分隔线。

(2) 下列船舶可进入分隔带或穿越分隔线。

① 穿越通航分道的船舶。

② 驶进或驶出通航分道的船舶。这类船舶包括：抵离港口、近岸设施或建筑物、引航站或任何其他地方的船舶；主机或舵机发生故障、在浓雾中雷达发生故障、帆船遇到无风情况等，进入分隔带锚泊，或穿越分隔线驶出通航分道；其他不能安全使用通航分道的船舶。

③ 在紧急情况下避免紧迫危险的船舶。要注意，只有在即将构成紧迫危险或已构成紧迫危险时，才可进入分隔带或穿越分隔线，并且紧迫危险消除之后，应迅速驶离分隔带。

④ 在分隔带内从事捕鱼作业的船舶。在分隔带内，捕鱼船可以根据作业需要任意行驶，但在靠近通航分道边界时，应避免航向与邻近分道中船舶总流向相反或接近相反，同时还应注意所用网具不致影响分道内船舶的航行。

⑤ 操纵能力受到限制的船舶，在其作业所需限度内，需要进入分隔带或穿越分隔线从事维护航行安全的作业，以及从事敷设、维修或起捞海底电缆时。

(3) 下列船舶不可以进入分隔带或穿越分隔线。

① 过境航行以及能安全使用通航分道的船舶。

② 为避免妨碍他船航行的船舶。

③ 为避免紧迫局面或碰撞危险的船舶。

(七) 在分道通航制区域端部附近行驶

船舶在分道通航制区域端部附近行驶时，应特别谨慎。

“在分道通航制区域端部附近行驶”，既包括驶进或驶出通航分道的船舶，也包括不使用分道通航制区域，只在附近活动的船舶。

在分道通航制区域的端部，不仅船舶密度会增大，而且航线相互会聚或分散的船舶较多，因此，容易构成对遇或交叉的会遇态势，所以，要求特别谨慎地驾驶，包括加强瞭望、使用安全航速、正确判断碰撞危险、严格按照《规则》规定采取避碰行动，以及注意运用良好船艺等。特别是在能见度不良时，更应保持高度的戒备，防止碰撞事故的发生。

(八) 不使用分道通航制区域的船舶

不使用分道通航制区域的船舶,应尽可能远离通航分道。其目的是使在分道内行驶的船舶尽可能不受干扰,以便在分道通航制区域中建立良好的水上交通秩序,包括下列情况。

(1) 使用沿岸通航带的船舶,应与邻近通航分道的分界线保持一定距离。

(2) 两个通航分道之间的分隔带中的船舶,应与邻近通航分道的分界线保持一定距离。

(九) 锚泊

船舶应尽可能避免在分道通航制区域内或其端部附近锚泊。

(1) 这些区域包括通航分道内、分道通航制区域的端部水域、分隔带内。

(2) 特殊情况时,可以在上述区域内锚泊,主要包括下列情况。

① 主机或舵机发生故障,不能继续航行时。

② 在浓雾中雷达发生故障,不能继续航行时。

③ 帆船遇到无风情况,不能继续航行时。

需要注意的是,即使出现上述情况,也应尽可能采取措施,在不影响他船正常航行的地点锚泊,并且一旦故障排除或情况改善后,应立即起锚航行。

(十) "不得妨碍"的船舶

1. 从事捕鱼的船舶

在任何能见度情况下,从事捕鱼的船舶,不应妨碍按通航分道行驶的任何船舶的通行。

(1) 任何船舶,包括帆船和长度小于 20m 的船舶,只要其按通航分道行驶,从事捕鱼的船舶都不应妨碍其通行。

(2) 为了达到不妨碍按通航分道行驶的任何船舶通行的目的,从事捕鱼的船舶应做到以下三点:

① 在通航分道内捕鱼时,应顺着船舶总流向行驶。

② 在通航分道内从一侧转移到另一侧时,应与船舶总流向形成尽可能小的角度。

③ 所采用的捕鱼方式、使用的渔具不应对他船的航行造成妨碍。

2. 帆船和长度小于 20 m 的船舶

在任何能见度情况下,帆船和长度小于 20m 的船舶,不应妨碍按通航分道行驶的机动船的安全通行。

(1) 与在狭水道或航道中的规定不同,在通道通航制水域中,如果帆船和长度小于 20m 的船舶使用通航分道,只要求其不妨碍机动船。

(2) 如果帆船和长度小于 20m 的船舶使用通航分道难以避免妨碍,则其不应进入通航分道。

二、习题

1. 分道通航制条款适用于________。

A. IMO 采纳的各分道通航制

B. 各国主管机关制定的分道通航制

C. 海图或通告上标明的分道通航制

D. 所有任何分道通航制区域

2. 下列哪种观点是正确的?

A. 未经 IMO 采纳的分道通航制,对船舶不具有任何的约束力

B. 一国政府自行颁布的分道通航制规则,仅适用于本国船舶

C. 一船航经某一处的分道通航制区域,不管该区域是否业已被 IMO 采纳,船舶均应严格执行该区域的有关规定

D. 由于 IMO 未采纳某一分道通航制区域,所以《规则》不适用于该区域

3. 对使用分道通航制区域的船舶,下列哪种观点是正确的?

A. 在通航分道行驶的船舶,不但应沿着船舶总流向行驶,并且还应靠本船右舷的航道外缘行驶

B. 尽可能让开分隔线或分隔带,意味着船舶应保持在通航分道的中心线或其附近航行

C. A 和 B 都对

D. A 和 B 都不对

4. 对使用分道通航制区域的船舶,下列哪种观点是正确的?

A. 按船舶总流向行驶的船是直航船,违章的船是让路船

B. 除遵守分道通航制条款外,还应遵守《规则》的相应条款

C. 只应遵守分道通航制条款

D. 以上都不正确

5. 在分道通航制区域内,________。

A. 仅适用有关分道通航制规定

B.《规则》仍适用于该区域

C. A 和 B 都对

D. A 和 B 都不对

6.《规则》第二章第二、三节各条规定________。

A. 适用于分道通航制区域

B. 不适用于分道通航制区域,因为在该区域已制定有分道通航制规则

C. A 和 B 都对

D. A 和 B 都不对

7. 航行在 IMO 采纳的分道通航制区域内的船舶，当使用通航分道时，应________。

A. 遵守当地的规定

B. 遵守《规则》第十条规定

C. 遵守《规则》中驾驶和航行规则

D. 以上 A、B、C 均是

8. 下列哪种观点是正确的？

A. 凡是在分道通航制区域中行驶的船舶，均是使用分道通航制区域的船舶

B. 只要一进入通航分道，则该船就属于使用分道通航制区域的船舶

C. 除穿越船之外，任何在通航分道中行驶的船舶，均可以认为是使用分道通航制区域的船舶

D. 以上都不对

9. 下列哪种船舶是使用分道通航制区域的船舶？

A. 在分道内从事捕鱼的船舶

B. 在分隔带内从事捕鱼的船舶

C. 穿越整个分道通航制区域的船舶

D. 在分道通航制区域内从事维护航行安全作业的船舶

10. 航行在分道通航制区域的船舶，下列做法中正确的是________。

A. 在不得不穿越通航分道时，应与分道的船舶总流向成尽可能小的角度

B. 若需从分道一侧驶进驶出时，应与分道的船舶总流向尽可能成直角

C. 在分道内从一侧转移到另一侧的过程中，应与分道的船舶总流向成尽可能小的交角

D. A、B 和 C 都不对

11. 下列对分道通航制条款的认识正确的是________。

A. 规定了使用分道通航制水域的准则

B. 在通航分道内按船舶总流向行驶的船是直航船

C. 违反分道通航制规定的船是让路船

D. A、B 和 C 都不对

12. 下列哪种观点是正确的？

A. 违背分道通航制区域规则的船舶，负有让清在分道内航行的船舶的责任

B. 遵守分道通航制区域规则的船舶，在通常情况下，享有直航船的权利

C. A 和 B 都对

D. A 和 B 都不对

13. 如图 2-1 所示，下列说法正确的是：Ⅰ 甲船违背分道通航制规定，因而负有让路的责任与义务；Ⅱ 甲船虽然违背分道通航制规定，但根据交叉规则应为直航船。

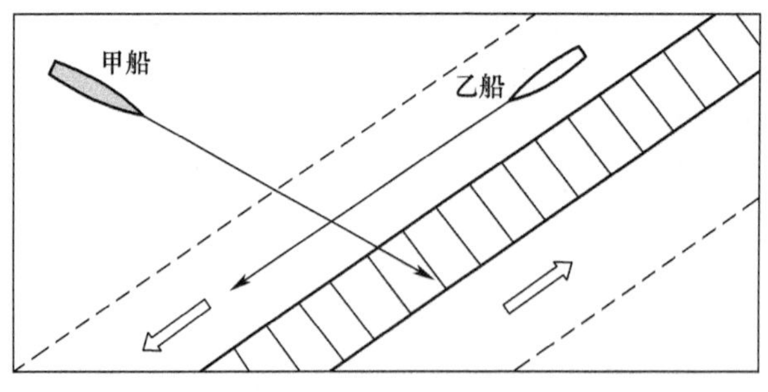

图 2-1　习题 13 图

A. Ⅰ对

B. Ⅱ对

C. Ⅰ和Ⅱ都对

D. Ⅰ和Ⅱ都不对

14. 使用分道通航制的船舶，在收到国际信号简语“YG”后，该船应立即________。

A. 向右转向

B. 检查船位和航向

C. 减速或停车

D. 检查号灯和号型

15. 使用分道通航制区域的船舶应尽可能让开________。

A. 通航分隔线或分隔带

B. 中央分隔线

C. 边界分隔线

D. 两边分隔线

16. 如图 2-2 所示，哪种船的航行方法是正确的？

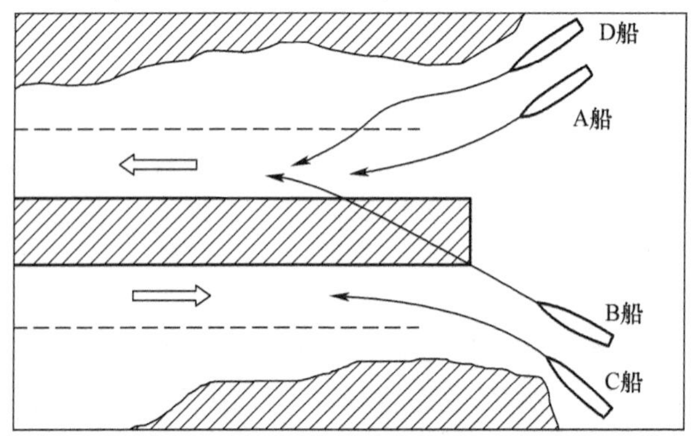

图 2-2　习题 16 图

A. A 船

B. B 船

C. C 船

D. D 船

17. 航行在分道通航制区域的船舶,下列情况中应与分道船舶总流向成直角的是________。

A. 穿越通航分道时

B. 从分道一侧驶进驶出时

C. 在分道内从一侧转移到另一侧时

D. A 和 C 对

18. 穿越通航分道的船舶,应尽可能与分道的船舶总流向成直角穿越,所谓的直角是指穿越船的________。

A. 船首向与船舶总流向的夹角

B. 航迹向与船舶总流向的夹角

C. A 和 B 都对

D. A 和 B 都不对

19. 下列哪种观点是正确的?

A. 穿越通航分道的船舶,不但应避免妨碍在分道内行驶的船舶,且负有为其让路的责任

B. 穿越通航分道的船舶是否负有让路的责任与义务,取决于是否违背"应尽可能成直角穿越"的规定

C. A 和 B 都对

D. A 和 B 都不对

20. 下列哪种观点是正确的?

A. 捕鱼船不应妨碍按通航分道行驶的任何船舶的通行,这意味着该船进入分道从事捕鱼是不符合《规则》规定的

B. 帆船与捕鱼船在通航分道内相互逼近,帆船应严格执行《规则》有关规定,自始至终均应给捕鱼船让路

C. 穿越通航分道的船舶,应避免妨碍任何在分道内行驶的船舶的安全通行,并应给他船让路

D. 不使用分道通航制区域的船舶,不应妨碍任何在分道内行驶的船舶的安全通行,并应尽可能远离该区

21. 当你船(机动船)在分道内航行,遇到他船(机动船)从你船右舷穿越通航分道构成碰撞危险时,谁是让路船?

A. 你船

B. 他船

C. 两船都是

D. 他船不应妨碍你船通行

22. 甲机动船在通航分道内按章行驶,乙船在甲船右前方穿越该通航分道,且构成碰撞危险时________。

A. 甲船保向保速

B. 甲船为让路船

C. 乙船为让路船

D. 甲船和乙船都是让路船

23. 下列哪种观点是正确的?

A. 凡可安全使用邻近通航分道的船舶,通常不应使用沿岸通航带

B. 凡可安全使用沿岸通航带的船舶,通常不应进入通航分道行驶

C. 只要安全可行,过境航行的船舶通常应在邻近的通航分道内航行,而不应使用沿岸通航带

D. 只要安全可行,帆船及长度小于 20m 的船舶通常不应使用通航分道

24. 凡可安全使用邻近分道通航制区域中相应通航分道的过境航行________。

A. 通常不应使用沿岸通航带

B. 帆船可使用沿岸通航带

C. 长度小于 20m 的船舶可使用沿岸通航带

D. 以上都对

25. 下列哪种观点是正确的?

A. 过境航行的船舶,通常不应使用沿岸通航带

B. 非过境航行的船舶,通常不应使用沿岸通航带

C. 过境航行的船舶,在任何情况下,均不得使用沿岸通航带

D. 非过境航行的船舶,在任何情况下,均不得使用通航分道

26. 通常不应进入分隔带或穿越分隔线的船舶是________。

A. 驶进驶出通航分道的船舶

B. 紧急情况下避免紧迫危险的船舶

C. 过境航行的船舶

D. 在分隔带内从事捕鱼的船舶

27. 下列哪种观点是正确的?

A. 任何船舶进入分隔带都是一种违规行为。

B. 为避免形成紧迫危险,让路船和直航均可进入分隔带

C. 为避免妨碍沿通航分道行驶的机动船通行,操限船可以进入分隔带行驶

D. 为避免形成紧迫危险,当事船首先应取得有关主管机关的许可,方能进入分隔带行驶,否则即为违规

28. 船舶在________情况下,可以进入分隔带或穿越分隔线。

A. 在分隔带内从事捕鱼

B. 在紧急情况下避免紧迫危险

C. 需要穿越或驶进、驶出通航分道

D. 以上都对

29. 下列哪种做法是不符合《规则》规定的?

A. 在紧急情况下,为避免紧迫局面而采取行动时,可进入分隔带航行

B. 主机发生故障时可进入分隔带锚泊

C. 突遭浓雾,雷达发生故障,可驶入分隔带锚泊

D. 舵机发生故障,可驶入分隔带锚泊

30. 船舶通常不应进入分隔带,除非________。

A. 在紧急情况下为避免紧迫局面形成

B. 紧迫局面业已形成,为避免碰撞的发生

C. A 和 B 都对

D. A 和 B 都不对

31.《规则》告诫航行在分道通航制区域的船舶,应特别谨慎的是________。

A. 穿越通航分道时

B. 从分道的一侧驶进驶出时

C. 在分道通航制区域端部行驶时

D. 从分道的一侧转移到另一侧时

32.《规则》第十条分道通航制规定船舶在行驶时应特别谨慎驾驶的情况是________。

A. 在驶进驶出通航分道时

B. 在不得不穿越通航分道时

C. 在紧急情况下避免紧迫危险时

D. 在分道通航制区域端部附近行驶时

33. 船舶在设有分道通航制的水域中航行时,应避免锚泊的区域是________。

A. 通航分道

B. 分道通航制区域的端部

C. 分隔带内

D. A、B 和 C 都对

34. 下列哪种船舶不应妨碍按通航分道行驶的机动船的安全通行?

A. 帆船或长度小于 20m 的船舶

B. 从事捕鱼的船舶

C. A 和 B 都是

D. A 和 B 都不是

35. 下列哪种说法是正确的?

A. 帆船与长度小于 20m 的船舶任何时候都可使用沿岸通航带

B. 帆船与长度小于 20m 的船舶任何时候都可进入通航分道内行驶

C. A 和 B 都对

D. A 和 B 都不对

36. 从事捕鱼的船舶,不应妨碍沿通航分道行驶的船舶的通行,不应被妨碍的船舶是指________。

A. 操限船

B. 机动船

C. 帆船

D. 任何船舶

37. 帆船和长度小于 20m 的船舶,不应妨碍沿通航分道行驶的船舶的通行,不应被妨碍的船舶是指________。

A. 除从事捕鱼的船舶之外的任何机动船

B. 操纵能力受到限制的船舶

C. 限于吃水的船舶

D. 只能在航道内安全航行的船舶

38. 在分道通航制区域内,操纵能力受到限制的船舶在执行某项作业所必需的限度内,可免受分道通航制规定的约束,该项作业不包括________。

A. 敷设、维修或起捞海底电缆

B. 在航行中补给或转运人员、食品或货物

C. 疏浚航道

D. 维修和起捞助航标志

39. 下列哪种观点是正确的?

A. 分道通航制规则不适用于在分道内行驶的操限船

B. 避碰规则有关驾驶和航行规则的各条规定同样也不适用于在分道通航制区域内从事维护航行安全作业的操限船

C. A 和 B 都对

D. A 和 B 都不对

40. 下列哪种情况下的船舶,可免受分道通航制条款的约束?

A. 紧急情况下避免紧迫危险的船舶

B. 从事疏浚作业的船舶在作业所必需的限度内

C. A 和 B 都对

D. A 和 B 都不对

41. 正规瞭望除使用视觉和听觉外,还包括________。

A. 对船上一切设备和仪器的有效使用

B. 从港口雷达站或从他船接收到有关信息

C. A 和 B 都对

D. A 和 B 都不对

42. 下列哪些船舶应保持正规瞭望?

A. 在航船

B. 快要离码头的船

C. 搁浅船

D. 以上都是

43. 安全航速适用于________。

A. 每一机动船,任何时候

B. 每一船舶,任何时候

C. 能见度不良时的任何船舶

D. 交通密集水域中的任何船舶

44. 船舶在狭水道内航行时的安全航速是________。

A. 当地主管机关规定的速度

B. 船舶港内额定转速的速度

C. 备车,中速航行

D. 以上都不是

45. 在决定安全航速时,下列因素中哪项不用考虑?

A. 船宽与吃水的关系

B. 能见度情况

C. 航道中的船舶密度

D. 吃水与可用水深的关系

46. 在推断是否存在碰撞危险时,下列哪种资料是充分的?

A. 凭雾号获得的资料

B. 三次雷达观测进行标绘后的他船速度和航向

C. 两次雷达观测进行标绘后的他船速度和航向

D. 以上都是

47. 在使用雷达判断碰撞危险时,《规则》规定正确使用的雷达包括________。

A. 远距离扫描

B. 对探测到的物标进行雷达标绘

C. 对探测到的物标进行与雷达标绘相当的系统观察

D. 以上都包括

48.《规则》第八条(避免碰撞的行动)的要求适用于________。

A. 互见中

B. 能见度不良时

C. 任何能见度情况下

D. 能见度不良时的互见中

49.《规则》要求:为避免与他船碰撞而采取的行动应能导致________。

A. 从他船的右舷通过

B. 从他船的左舷通过

C. 从他船的船尾方向驶过

D. 以上都不对

50. 船舶间采取避让措施时,最忌讳的是________。

A. 向右转向

B. 向左转向

C. 航向航速作一连串的小变动

D. 停车

51."紧迫局面"的含义是________。

A. 两船接近到单凭一船的行动不能保证在安全距离内驶过的局面

B. 两船相距已不到一船用满舵避让时的进距

C. 两船接近到单凭一船的避让行动已不能避免碰撞的局面

D. 以上都对

52. 船舶在细心查核避让行动有效性的过程中,船舶应认为________。

A. 碰撞危险已过去

B. 仍处在碰撞危险的状态中

C. 正在安全通过

D. A 和 C 对

53."不应妨碍另一艘船舶安全通过"是指________。

A. 应根据当时环境的需要及早地采取行动以留出足够的水域供另一船安全通过

B. 应根据当时环境的需要及早地采取行动以避免与另一船形成紧迫局面

C. A 和 B 都对

D. A 和 B 都不对

54. 按《规则》规定,要求不应妨碍他船的船舶与不应被妨碍的船舶致有构成碰撞危险时,________。

A. 前者不解除不应妨碍的责任,并在采取行动时应充分考虑到《规则》第二

章各条可能要求的行动

B. 后者仍有完全遵守《规则》第二章各条规定的责任

C. A 和 B 都对

D. A 和 B 都不对

55. 在狭水道内,从事捕鱼的船舶不应妨碍________。

A. 只能在狭水道内安全航行的船舶通行

B. 任何其他在狭水道内航行的船舶通行

C. 任何非机动船在狭水道内航行

D. 操纵能力受到限制的船舶在狭水道内航行

56. 狭水道条款适用于在狭水道或航道内的哪些船舶?

A. 机动船

B. 除失去控制的船舶以外的任何船舶

C. 除锚泊船以外的任何船舶

D. 所有船舶

57. 狭水道靠右航行规则适用于________。

A. 非机动船之外的任何船舶

B. 除长度小于 20m 的船舶和帆船以外的任何船舶

C. 除失去控制以及操纵能力受到限制的船舶以外的任何船舶

D. 除穿越狭水道或航道的船舶外,任何在狭水道内行驶的船舶

58. 只能在狭水道或航道内安全航行的船舶,包括________。

A. 长度大于 100m 的船舶

B. 限于吃水的船舶

C. 操纵能力受到限制的船舶

D. B 和 C

59. 互见中两艘机动船在狭水道弯头交叉相遇适用的规则是________。

A.《规则》第十五条(交叉相遇局面)

B.《规则》第九条(狭水道)

C. A 和 B 都对

D. A 和 B 都不对

60. 在狭水道内,追越船鸣放追越声号后,前船对后船企图追越驶过认为不安全,则可________。

A. 不鸣放声号

B. 鸣放一长声

C. 鸣放至少五声短而急的声号

D. 鸣放招引他船注意的声号

61.《规则》告诫不使用分道通航制区域的船舶,应________。

A. 在分道通航制区域外缘行驶

B. 尽可能远离分隔线

C. 尽可能远离分道通航制区域

D. 尽可能远离分隔带

62. 下列哪种船舶可免受分道通航制条款的约束?

A. 为避免紧迫局面的船舶

B. 从事疏浚作业的船舶在作业所必需的限度内

C. 失去控制的船舶

D. B 和 C 对

63. 互见中,一艘机动船在通航分道内顺着分道的船舶总流向行驶,另一艘从事捕鱼的船舶从机动船的右舷穿越该分道,且构成碰撞危险,则________。

A. 从事捕鱼的船舶负有不妨碍机动船航行的义务

B. 机动船对从事捕鱼的船舶也应采取避让行动

C. A 和 B 都对

D. A 和 B 都不对

64. 下列哪项是不符合《规则》要求的做法?

A. 在狭水道航行时备车备锚

B. 失控时,用炫耀的灯光引起他船的注意

C. 雾中使用雷达保持警戒并对观测到的物标进行雷达标绘

D. 对遇时向左转向,以增大会遇距离

三、习题答案

1. A;2. C;3. B;4. B;5. B;6. A;7. C;8. C;9. A;10. C;11. A;12. D;13. B;14. B;15. A;16. A;17. A;18. A;19. D;20. B;21. A;22. B;23. A;24. D;25. A;26. C;27. B;28. D;29. A;30. B;31. C;32. D;33. D;34. C;35. C;36. D;37. A;38. B;39. D;40. B;41. C;42. D;43. B;44. D;45. A;46. B;47. D;48. C;49. D;50. C;51. A;52. B;53. C;54. C;55. B;56. D;57. D;58. B;59. C;60. C;61. C;62. B;63. C;64. D。

第二节　船舶在互见中的行动规则

第十一条　适 用 范 围

本节各条款适用于互见中的船舶。

一、《规则》条文与知识点解读

(一) 适用的时机

《规则》第二章第二节各条,即《规则》第十一条到第十八条规定,属于“船舶在互见中的行动规则”,仅适用于在互见中时,不在互见中时不适用。

(二) 适用的情况

(1) 在能见度良好时,处于互见中的两船相互接近的整个过程,适用“船舶在互见中的行动规则”。

(2) 在能见度良好的夜间,由于两船航行灯的发光强度不同,可能造成一船能用视觉看到另一船,但另一船不能看到一船的情况。从“互见”的定义看,“船舶在互见中的行动规则”适用于一船,而不适用于另一船,但《规则》第十九条有“在能见度不良的水域中或在其附近航行”的限定条件,因此,“船舶在能见度不良时的行动规则”也不应适用于另一船。对于这种情况,《规则》没有说明,但从其合理性而言,另一船适用“船舶在互见中的行动规则”为好。

(3) 在能见度不良时,不论接近到距离多近、何种危险程度,只要两船驶近到互见时,就适用“船舶在互见中的行动规则”。

二、习题

1. 互见中的行动规则适用于________。

A. 任何能见度中的互见

B. 能见度良好中的互见,不适用于能见度不良中两船业已相互看见但距离已太近的情况

C. A 和 B 都对

D. A 和 B 都不对

2. 互见中的行动规则适用于________。

A. 任何能见度中的互见

B. 仅适用于能见度良好时的互见

C. A 和 B 都对

D. A 和 B 都不对

三、习题答案

1. A;2. A。

第十二条　帆　　船

1. 两艘帆船相互驶近致有构成碰撞危险时,其中一船应按下列规定给他船

让路。

(1) 两船在不同舷受风时,左舷受风的船应给他船让路;

(2) 两船在同舷受风时,上风船应给下风船让路;

(3) 如左舷受风的船看到在上风的船而不能断定究竟该船是左舷受风还是右舷受风,则应给该船让路。

2. 就本条规定而言,船舶的受风舷侧应认为是主帆被吹向的一舷的对面舷侧;对于帆船,则应认为是最大纵帆被吹向的一舷的对面舷侧。

一、《规则》条文与知识点解读

(一) 适用范围

本条适用于互见中两艘帆船相遇的情况,不适用于在能见度不良的水域中或在其附近航行时不互见的情况。

(1) 本条不适用帆船与其他船舶会遇的情况,特别是与机帆并用船会遇的情况。

(2) 当一艘帆船追越另一艘帆船时,本条不适用,而应适用《规则》第十三条追越规定。

(3) 本条不适用三艘或三艘以上帆船会遇的情况。

(二) 适用时机

只有当两艘帆船相互驶近致有构成碰撞危险,并且是在互见中时,本条才适用。

(三) 避碰责任

(1) 两艘帆船不同舷受风时,左舷受风的船是让路船,右舷受风的船是直航船。

(2) 两艘帆船同舷受风时,上风船是让路船,下风船是直航船。

(3) 如果左舷受风的船看到在上风的船,但难以断定该船是左舷受风还是右舷受风,则左舷受风的船应认为本船是让路船,上风船是直航船。

(4) 在没有说明是否是同船受风时,不能说左舷受风的船是让路船,或上风船是让路船。

二、习题

1. 两艘帆船对遇时,应________。

A. 各自向右转向

B. 左舷受风的船给右舷受风的船让路

C. 右舷受风的船给左舷受风的船让路

D. 应按特殊情况条款行事

2.《规则》规定,两艘帆船相遇构成碰撞危险时,其避让关系是________。
A. 顺风船给逆风船让路
B. 右舷受风的船给左舷受风的船让路
C. 左舷受风的船给右舷受风的船让路
D. 尾受风的船给所有船让路
3. 两艘帆船从相反的航向上驶近构成碰撞危险时,应________。
A. 各自向右转向
B. 右舷受风的船给左舷受风的船让路
C. 各自向左转向
D. 左舷受风的船给右舷受风的船让路
4. 同舷受风的两艘帆船驶近构成碰撞危险时,应________。
A. 上风船给下风船让路
B. 下风船给上风船让路
C. 两船互为让路船
D. 两船都是保向保速船
5. 互见中,两艘帆船在相反的航向上相遇存在碰撞危险时,应________。
A. 各自向右转向避让
B. 右舷受风的船给他船让路
C. 左舷受风,而且又在上风的船给他船让路
D. 下风船给上风船让路
6. 两艘帆船相互驶近致有构成碰撞危险时,让路船应该是________。
A. 左舷受风船
B. 右舷受风船
C. 上风船
D. 以上都不对

三、习题答案

1. B;2. C;3. D;4. A;5. C;6. D。

第十三条　追　　越

1. 不论第二章第一节和第二节的各条规定如何,任何船舶在追越任何他船时,均应给被追越船让路。

2. 一船正从他船正横后大于22.5°的某一方向赶上他船时,即该船对其所追越的船所处的位置,在夜间只能看见被追越船的尾灯而不能看见它的任一舷灯时,应认为是在追越中。

3. 当一船对其是否在追越他船有任何怀疑时,该船应假定是在追越,并应采取相应行动。

4. 随后两船间方位的任何改变,都不应把追越船作为本规则条款含义中所指的交叉船,或者免除其让开被追越船的责任,直到最后驶过让清为止。

一、《规则》条文与知识点解读

(一) 适用范围

(1) 本条追越规定仅适用于在互见中。

(2) "不论《规则》第二章第一节和第二节的各条规定如何",明确指出了追越条款优先于《规则》第四条至第十八条。

(3) 一船在狭水道或航道内追越另一船时,不论是否需要被追越船采取配合行动,也不论被追越船是否同意追越,追越船均应给被追越船让路。被追越船鸣放同意追越的声号,并不意味可免除追越船的让路责任;同样,即使被追越船采取了不正确的操纵行动,也不能免除追越船的让路责任。

(4) 特别应注意的是,当两船在追越中,《规则》第十八条不适用,即使是一艘操纵能力差的船(包括失去控制的船舶),只要它正在追越前船,不论前船是什么船(包括机动船),都要履行追越船的让路义务。

(二) 追越局面构成

构成追越有以下三个条件。

(1) 一船位于另一船正横后大于22.5°的任一方向上。

(2) 在夜间,后船只能看见前船的尾灯,即后船位于前船尾灯的能见距离之内。在白天,两船在相应的形态中。

(3) 后船正在赶上他船,即后船速度大于前船速度。

上述条件缺一不可,必须同时具备以上三个条件,两船才构成追越。

应注意的是,构成追越并不以是否构成碰撞危险为条件,只要一船开始实施追越行动,并同时具备以上三个条件,则两船构成追越。

(三) 避碰责任

(1) 在任何水域,当两船在互见中,不论是何种船舶,也不论《规则》其他条款是如何规定的,追越船都应给被追越船让路。

(2) 在追越中,被追越船不应只履行追越规定而置《规则》其他条款于不顾。例如,一艘限于吃水的船舶在狭水道中追越一艘帆船,限于吃水的船舶应按本条的规定给帆船让路。但是,作为被追越的帆船,除应执行第十七条对直航船的规定外,仍应继续履行《规则》第九条第2款"不应妨碍只能在狭水道或航道以内安全航行的船舶通行"和《规则》第九条第5款"采取使之能安全通过的措施"的规定。

（四）怀疑追越

《规则》规定，当一船难以确定本船是否在追越他船时，该船应假定是在追越中，并采取相应行动。这一规定仅是对追越船的要求。

（1）当后船看见前船的尾灯，偶尔不能看见前船的舷灯和桅灯，后船应认为是在互见中。

（2）当后船处于前船正横后 22.5°附近时，如果后船对是否为追越存在怀疑，后船应认为是在追越；如果前船对是否为追越存在怀疑，前船不应认为是在追越。

（3）应充分注意两船可能对是否处于追越判断不一致的情况。

① 当后船处于前船左正横后 22.5°附近时。

a. 当后船为机动船，不论前船为何种船舶（包括为机动船），也不论后船是否怀疑追越还是前船是否怀疑追越，后船都是让路船，因此不会导致两船责任判断冲突。

b. 当前船为机动船，后船为其他种类的船，此时，如果后船不怀疑，认为不是在追越，前船也不怀疑，但认为是追越，则此时两船都会判定本船为直航船，会出现两船都不避让的局面，危险程度会较大。在这种情况下，后船不要轻易排除追越的可能性，假定是在追越中，而前船也不要轻易认为是在追越中，两船都将本船看成让路船，并采取相应的行动。

② 当后船处于前船右横后 22.5°附近时。

a. 当后船为机动船，前船为其他种类的船舶，不论后船是否怀疑追越还是前船是否怀疑追越，后船都是让路船，因此不会导致两船责任判断冲突。

b. 当前船为机动船，不论后船为何种船舶（包括为机动船），此时，如果前船不怀疑，认为是在追越中，而后船也不怀疑，但认为不是在追越，则两船都会判定本船为直航船，对航行安全不利。在这种情况下，双方都应从安全角度考虑，后船将本船看作追越船，前船不要轻易认为是在追越中，这样，两船都会采取避让行动，有利于航行安全。

（五）驶过让清

（1）追越局面构成后，在驶过让清之前，两船间方位的任何改变，都不应免除追越船给被追越船让路的责任。例如，两艘机动船构成追越局面后，随着两船间方位的改变，不能把追越船作为处于交叉相遇局面中的船舶。

（2）追越中驶过让清，是指追越船驶过被追越船船首前方 2n mile 以后的状态，在此之前，都不能免除追越船的让路责任。

（3）在追越中，两船间的责任一旦确定，不管发生什么变化，追越船始终是让路船，直到最后驶过让清为止。例如，被追越船为避让其他船舶或前方的航行危险物而采取转向行动，不应认为其违反了直航船的保向保速规定，追越船仍应承担让路责任。

（六）追越中注意事项

1. 在追越中，追越船应注意事项

（1）在宽阔的水域进行追越时，水域允许与被追越船保持较远的距离，因此追越中应保持在安全距离以外追越。并且，当与被追越船航向交叉时，追越船宜先从被追越船的船尾驶过，然后再实施追越。

（2）在追越中应尽可能平行追越，从被追越船的左舷追越是良好船艺的做法。

（3）当追过他船后，不应立即转向横越他船前方或减速，以避免形成紧迫局面。

（4）在狭水道或航道内应尽量避免追越。如需追越，应选择在较宽的直航段且水深要较宽裕；如果在狭窄航段进行追越，应在鸣放追越声号并征得被追越船同意后方可追越，如果被追越船不同意，不可强行追越。

（5）在狭水道或航道内追越时，应保持足够的横向间距，以防止发生船吸现象。尤其是重载的大吨位快速船舶在浅水区域追越较小吨位的船舶时，很容易发生船吸现象，极易发生碰撞事故。一艘来说，在狭水道或航道内追越，两船间至少保持大船船长的横距，夜间需要更大些。

（6）视线不良时应尽量避免追越；应避免在狭水道的弯头地段、通航密集区、习惯转向点或禁止追越的水域追越。

2. 在追越中，被追越船应注意事项

（1）应严格遵守《规则》第十七条（直航船的行动）的各项规定。

（2）当发现有他船追越本船时，除了加强瞭望、检查并正规显示号灯号型，还应密切注意追越船的动态，对两船之间的会遇形势作出正确的判断。

（3）当对追越船的行动能否导致在安全的距离上驶过持有怀疑时，应及时发出警告并尽可能与追越船取得联系，必要时独自采取行动，以保证船舶安全。

（4）在追越过程中，当本船采取行动协助追越船追越、前方有船需要避让或前方航道复杂时，应鸣放声号或用 VHF 呼叫通知追越船。本船在改变航向之前和之后，要密切注意追越船的动态及与本船的距离。

（5）在狭水道或航道内，当听到后船鸣放追越声号，或收到后船 VHF 呼叫，只要航道条件许可，并且没有其他特殊情况，应同意追越，并鸣放同意声号明确表示或用 VHF 告知，主动让出航道，必要时还应减速，尽量缩短并行时间，让追越船尽快驶过；如果因条件不许可不同意追越，应发出怀疑与警告声号。

（6）应时刻注意追越船的行动和追越的方式，对可能发生的意外情况，做好随时操纵的准备。当产生船吸时，如果本船为重载船，应立即减速；如果本船为小型船舶，应立即向船首转向方向相反一舷打满舵，并尽可能加速以增加舵效，增强抗吸能力。

二、习题

1. 下列哪种观点是正确的？

A. 除其他条款另有规定外，任何船舶追越他船时，均应给被追越船让路

B. 追越船是否负有让路的责任与义务，将取决于两船在接近过程中是否致有构成碰撞危险

C. 不管《规则》作何规定，追越船均应给被追越船让路

D. 若被追越船违背《规则》采取行动，则即可免除追越船让路的责任与义务

2. 追越条款的规定优先于________。

A. 船舶在任何能见度情况下的行动规则

B. 船舶在互见中的行动规则

C. 船舶在能见度不良时的行动规则

D. A 和 B 都对

3. 夜间，一艘帆船仅能看到一艘机动船的尾灯并逐渐赶上且存在碰撞危险时，下列行动中错误的是________。

A. 机动船保向保速航行

B. 帆船保向保速航行

C. 机动船向左转向航行

D. 帆船采取避让措施

4. 一艘左舷受风的帆船追越一艘候潮淌航的机动船，当有碰撞危险时，谁是让路船？

A. 机动船

B. 帆船

C. 互为让路船

D. 帆船不应妨碍机动船

5. 一艘被追越的机动船应给下述哪种船舶让路？

A. 失去控制的船舶

B. 操纵能力受到限制的船舶

C. A 和 B 都对

D. A 和 B 都不对

6. 追越条款适用于________。

A. 互见中的船舶

B. 任何能见度情况下在狭水道中的船舶

C. 任何能见度情况下在通航分道中的船舶

D. A、B 和 C 均适用

7. 追越条款适用于________。

A. 任何能见度情况下在狭水道中构成追越局面的船舶

B. 任何能见度情况下在通航分道中构成追越局面的船舶

C. 互见中在任何水域内构成追越局面的船舶

D. A、B 和 C 都对

8. 关于追越,下列哪种说法正确?

A. 若后船怀疑本船是否正在追越他船,应假定本船为追越船

B. 后船在追越过程中两船间随后相对方位的任何改变,使该追越船成为交叉相遇船

C. A 和 B 都对

D. A 和 B 都不对

9. 下列哪种情况下不能构成追越局面?

A. 在能见度良好的开阔海面上

B. 在能见度良好的分道通航制水域内

C. 在能见度不良的水域内

D. A、B 和 C 都不对

10. 下列各类船舶在追越一艘机动船时,其避让关系是________。

A. 限于吃水的船舶追越时应给机动船让路

B. 帆船追越时应给机动船让路

C. 操纵能力受到限制的船舶追越时应给机动船让路

D. A、B 和 C 都对

11. 下列哪种说法是正确的?

A. 除《规则》第二章第一节、第二节另有规定外,任何船舶在追越任何他船时,均应给被追越船让路

B. 由于操纵能力受到限制的船舶必须维持其原有的速度行驶,故迫使其经常追越一些慢速船,鉴于其这一特定的工作性质,追越条款对其不适用

C. 任何船舶在追越任何他船并致有构成碰撞危险时,均应给被追越船让路

D. 不管《规则》其他条款作何规定,追越船均应给被追越船让路

12. 追越条款的规定不适用于下列哪种情况的船舶?

A. 互见中的船舶

B. 能见度不良情况下非互见的船舶

C. 使用分道通航制的船舶

D. 狭水道中的船舶

13. 追越具有下列哪种特点?

A. 相对速度小,相持时间长

B. 相对速度大,相持时间长

C. 相对速度小,相持时间短

D. 相对速度大,相持时间短

14. 下列哪种观点是正确的?

A. 追越船是否“均应给被追越船让路”,将取决于是否致有构成碰撞危险

B. 不管是否致有构成碰撞危险,追越船“均应给被追越船让路”

C. A 和 B 都对

D. A 和 B 都不对

15. 一艘帆船在某机动船正横后 25°方向驶近,且构成碰撞危险,此时的避让关系是________。

A. 机动船应给帆船让路

B. 帆船是直航船

C. 帆船是让路船

D. 以上都不对

16. 下列哪种观点是正确的?

A. 一船处于他船正横后大于 22.5°的某方向,并且只能看见他船的尾灯,则该船应认为正处于追越中

B. 若一船对本船是否在追越他船持有怀疑,应假定是在追越

C. A 和 B 都对

D. A 和 B 都不对

17. 一船当处在他船的下列范围内,并赶上他船时,追越条款就适用________。

A. 尾灯照射范围内

B. 正横后大于 22.5°范围内

C. 见不到桅灯或舷灯的范围内

D. 以上都是

18. 你是某机动船的值班驾驶员,看到在左前方他船的尾灯,偶尔能看见它的舷灯和桅灯,对此,你认为________。

A. 左前方的船是让路船

B. 这是交叉相遇局面

C. A 和 B 都对

D. A 和 B 都不对

19. 你船在大洋中航行,看见他船的拖带灯,赶上后又看见他船的红舷灯和桅灯,这时的情况应如何看待?

A. 交叉相遇,你船是让路船

B. 交叉相遇,他船是让路船

C. 你船在追越中,应给他船让路

D. 以上都不对

20. 在大风浪中航行,你船看见他船的尾灯,偶尔也可看见他船的绿舷灯和桅灯,且正驶近他船,这种情况你如何看待?

A. 交叉相遇局面,你船是让路船

B. 交叉相遇局面,他船是让路船

C. 追越,你船是让路船

D. 以上都不对

21. 你船看见他船的尾灯,偶尔也可看见他船的舷灯和桅灯。关于这种情况的下列说法哪种是正确的?

A. 他船是让路船

B. 这是交叉相遇局面

C. A 和 B 都对

D. A 和 B 都不对

22. 你船在他船右舷驶近时,有时看见他船的尾灯而有时又看见舷灯,这时________。

A. 他船须给你船让路

B. 两船都必须采取行动以让清他船

C. 你船有义务让清他船

D. 应按特殊情况条款行事

23. 如图 2-3 所示,哪一船舶对本船构成的危险程度大?

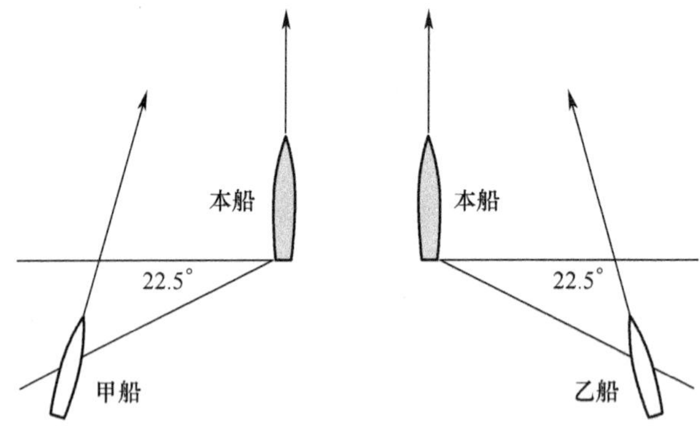

图 2-3　习题 23 图

A. 甲船

B. 乙船

C. 甲乙都较大

D. 甲乙都不大

24. 如图 2-3 所示,甲、乙两船对是否处于追越均有怀疑,则________。

A. 前船应认为与乙船构成交叉相遇局面

B. 前船应认为与甲船构成追越局面

C. A 和 B 都对

D. A 和 B 都不对

25. 当一船追越另一船时,在何时才能免除其让路责任?

A. 看到被追越船的舷灯

B. 已驶过被追越船的正横

C. 已驶过被追越船的船首

D. 最后驶近让清

26. 前后两船处在追越过程中,发生下述哪种情况可以免除追越船的责任?

A. 前船已停车甚至后退,后船欲超越前船

B. 前船突然搁浅并刚刚挂出信号不久,后船碰撞前船

C. 在狭水道中,前船虽已用声号同意后船追越,前船沿着航标或航道的自然弯头进行了转向,后船仍欲超越前船

D. 以上均不可免除追越船的责任

27. 下列哪种观点是正确的?

A. 只要追越船驶过被追越船之后,即可免除追越船让开被追越船的责任

B. 只要追越船与被追越船不再构成碰撞危险,保持平行并驶,即可免除追越船应承担的让路责任

C. A 和 B 都对

D. A 和 B 都不对

28. 你船从他船的右舷追越,当船尾超过他船的船首不久,即采取左转操纵而导致碰撞,责任主要是由于________。

A. 你船违背了追越条款

B. 你船违背了交叉相遇局面条款

C. 他船违背了交叉相遇局面条款

D. 以上都不对

29. 两船在追越的过程中,被追越船为避让前方来船,鸣放一短声并向右转向,该行动________。

A. 背离《规则》,追越船应鸣放五短声

B. 背离《规则》,追越船应回答一短声

C. 未背离《规则》,追越船应回答一短声

D. 未背离《规则》,追越船无须鸣放声号

30. 能构成追越局面的船舶是________。

A. 任何机动船

B. 任何船舶

C. 除失去控制的船舶和操纵能力受到限制的船舶外的任何船舶

D. 长度大于 20m 的任何船舶

三、习题答案

1. C;2. D;3. B;4. B;5. D;6. A;7. C;8. A;9. C;10. D;11. D;12. B;13. A;14. B;15. C;16. C;17. D;18. D;19. C;20. C;21. D;22. C;23. B;24. C;25. D;26. D;27. D;28. A;29. D;30. B。

第十四条　对 遇 局 面

1. 当两艘机动船在相反的或接近相反的航向上相遇致有构成碰撞危险时,各应向右转向,从而各从他船的左舷驶过。

2. 当一船看见他船在正前方或接近正前方,并且,在夜间能看见他船的前后桅灯成一直线或接近一直线和(或)两盏舷灯;在白天能看到他船的上述相应形态时,则应认为存在这样的局面。

3. 当一船对是否存在这样的局面有任何怀疑时,该船应假定确实存在这种局面,并应采取相应的行动。

一、《规则》条文与知识点解读

(一) 对遇局面构成条件

构成对遇局面应同时满足以下 4 个条件。

(1) 在互见中。

(2) 两艘机动船相遇。此处的"机动船",是指除"失去控制的船舶""操纵能力受到限制的船舶"和"从事捕鱼的船舶"之外的用机器推进的船舶,但包括限于吃水的船舶、气垫船、在水面的水上飞机和地效翼船,也包括引航船和机帆并用的船。另外,对遇局面一定是两船会遇,三艘或三艘以上的船舶会遇不适用于对遇局面条款,而应属于特殊情况,适用于《规则》第二条责任条款。

(3) 在相反或接近相反的航向上相遇,即两船各自位于对方的正前方或接近正前方。"相反的航向"是指两船航向相差 180°。"接近相反的航向"是指两船船首向的夹角在 6°或半个罗经点以内(注:一个罗经点为 11.25°)。

(4) 致有构成碰撞危险时。在对遇局面情况下,判断何时构成碰撞危险,不仅应考虑 DCPA,更应侧重考虑两船之间的距离。DCPA 表示两船是否将致有构成碰

撞危险,而两船之间的距离可以表明危险的程度,要考虑远距离不存在碰撞危险的习惯做法。

(二) 对遇局面的判定

通常可依据下列4点判定对遇局面。

(1) 为两艘机动船相遇。如果一艘机动船与另一艘其他种类的船舶相遇,不适用于对遇局面。

(2) 他船在本船的正前方或接近正前方。

(3) 夜间时,看见他船的两盏桅灯成一直线或者接近成一直线;或看见他船的两盏桅灯成一直线或者接近成一直线,并看见对方船的两盏舷灯;或只看见对方船的两盏舷灯。白天时,看到他船的上述相应形态。

(4) 当对是否构成对遇局面存在怀疑时,应认为是对遇局面。

容易产生怀疑的情况通常有以下几种。

① 对位于本船正前方或接近正前方的他船,看见其两盏桅灯,但对两盏桅灯是否接近一直线难以断定。

② 对位于本船正前方或接近正前方的他船,只看见其一盏桅灯,对是否航向相反或接近相反难以断定。

③ 对位于本船正前方或接近正前方的他船,时而看见其红灯,时而又看见其绿灯,对是否航向相反或者接近相反难以断定。

④ 对位于本船正前方或接近正前方的他船,对属于对遇局面还是交叉相遇局面难以断定。

⑤ 对位于本船正前方附近的他船,当处于左舷对左舷,或右舷对右舷会遇,对能否安全通过,或者对是否适用对遇局面规定存在怀疑。

⑥对位于本船正前方且航向相反或接近相反的他船是否属于机动船难以断定。

(三) 避碰责任

在互见中时,当两艘机动船相遇构成对遇局面时,各应向右转向,从而从他船的左舷驶过。因此,在对遇局面时,两机动船的避让责任是相同的,不存在让路船和直航船,因而称为负有同等避让责任的船舶。

两船处于对遇局面时,相对速度大,供船舶分析判断以及采取行动的时间短。因此,要求船舶驾驶员对局面作出迅速、准确的判断,并及早地采取大幅度的行动。

(四) 注意事项

(1) 当对遇局面形成时,应及早采取向右转向,转向角度应使对方容易察觉到。在采取右转行动的同时,应鸣放一短声声号。当环境和情况不允许采取向右转向时,应尽早与他船建立VHF通信,防止发生不协调行动。

(2) 每一船的行动均应能导致两船在安全的距离上驶过,而绝不是一船的行动导致在一半的安全距离上驶过。

(3) 当与接近正前方的来船处于右舷对右舷(有称“危险对遇”)时,应加倍注意对方的动态,尽量更早采取大幅度向右转向,把红灯显示给对方。切不可为了增大横距以绿灯对绿灯通过而采取小角度向左转向,造成避碰中两船混乱。

(4) 在两船处于对遇局面,或右舷对右舷的局面中,本船听到他船发出二短声并看到对方已向左转向时,本船应减速、停车或倒车把船停住,并在倒车时发出三短声;在环境允许情况下,本船也可向左转向,并发出二短声,同时密切注意他船的动向。

(5) 当两船处于左舷对左舷或右舷对右舷,无须再用舵宽让即可安全通过时,则双方可以不交换声号进行会船;如果有一方误认为对遇局面,或者坚持互相以左舷对左舷通过而采取向右转向,则一定要做到及早大幅度转向,以最短的时间在他船前方安全距离上穿过其船首,否则应对因此而发生的碰撞负主要责任。

(6) 要特别警惕处于接近对遇与小角度交叉相遇分界处的情况。在此种情况下,容易两船判断不一致,其中一船认为是对遇局面,而另一船认为是交叉相遇局面,故而容易发生碰撞事故。

二、习题

1. 对遇局面条款适用于________。

A. 互见中的船舶

B. 能见度不良时的船舶

C. 互见中的机动船

D. 任何能见度时的机动船

2. 试判断下述哪种局面属于对遇局面?

A. 当一船位于另一船的前方,两船间距正在不断缩小

B. 两艘限于吃水的船舶航向相反,并处于各自的正前方或接近正前方

C. 两艘操纵能力受到限制的船舶航向相反,且位于各自的正前方

D. 两艘机动船航向相反,且各自位于他船的前方

3. 下列哪种观点是正确的?

A. 两艘限于吃水的船舶航向相反,并致有构成碰撞危险时,应执行对遇局面有关规定

B. 一艘机动船与一艘限于吃水的船舶在相反的航向上相遇并致有构成碰撞危险,应执行对遇局面有关规定

C. A 和 B 都对

D. A 和 B 都不对

4. 如图 2-4 所示,只能见到他船一盏舷灯的局面是否适用对遇条款。

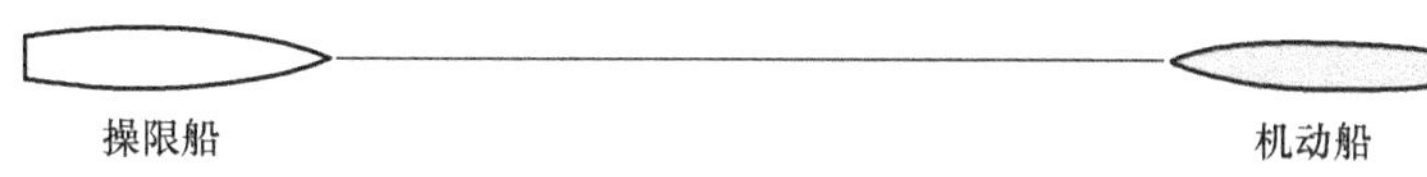

图 2-4　习题 4 图

A. 适用对遇条款

B. 这是一种特殊情况,对遇条款不适用

C. A 和 B 都对

D. A 和 B 都不对

5. 下列哪种观点是正确的?

A. 当一船在正前方发现他船前后桅灯成一直线,对遇规则开始适用

B. 当一船在正前方发现他船两盏红、绿舷灯时,对遇规则开始适用

C. A 和 B 都对

D. A 和 B 都不对

6. 你船在大洋中航行,在正前方发现他船两盏桅灯接近一直线,并看到两盏舷灯,由于风浪较大偶尔看不到他船的红舷灯,你船应________。

A. 向右转向,鸣放一短声

B. 向左转向,鸣放二短声

C. 保向保速

D. 等他船采取行动后,再决定本船行动

7. 下列哪种局面不存在让路船与直航船关系?

A. 追越局面

B. 交叉相遇局面

C. 对遇局面

D. 以上局面都对

8. 互见中,两船避让责任完全相等的局面是________。

A. 追越

B. 对遇局面

C. 交叉相遇局面

D. B 和 C 都对

9. 你船在晴朗的白天航行时,与三艘机动船相遇,其中一艘是对遇,另两艘分别从左、右正横交叉且构成碰撞危险,你船应________。

A. 鸣放一短声右转

B. 鸣放二短声左转

C. 鸣放三短声倒车

D. 鸣放五短声继续航行

10. 当一艘操纵能力受到限制的船舶与一艘机动船航向相反，并致有构成碰撞危险时________。

A. 适用对遇局面规则

B. 这是一种特殊情况，不适用对遇局面规则

C. A 和 B 都对

D. A 和 B 都不对

11. 对遇局面条文中的"相反的或接近相反的航向上相遇"一词，其含义是指________。

A. 甲船看到乙船两盏舷灯

B. 甲船看到乙船的前后桅灯接近一条直线

C. 在甲船船首左右各 6°范围内看到乙船的前后桅灯接近一直线

D. 以上都是

12. 一船发现另一船的两盏桅灯和两盏舷灯，应认定________。

A. 适用对遇规则

B. 适用追越规则

C. A 和 B 都对

D. A 和 B 都不对

13. 两艘机动船在下列哪种情况下才符合对遇局面？

A. 在夜间，能看见他船的前后桅灯成一直线和两盏舷灯时

B. 在夜间，能同时看见他船的两盏舷灯时

C. 在相反的或接近相反的航向上，且在同一个航线或接近的航线上对驶时

D. 以上都符合

14. 两船在下列哪种情况下时，不一定符合对遇局面？

A. 在夜间，能看见他船的前后桅灯成一直线，并看见两盏舷灯

B. 在相反的航向上，且在同一航向的延长线上对驶

C. 在航向交叉角小于半个罗经点的航向上对驶

D. 以上均不符合

15. 两艘机动船相遇，其航向接近相反时，一般认为构成对遇局面的条件是来船处于________。

A. 船首一个罗经点之内

B. 左右舷各半个罗经点以内

C. 左右舷各一个罗经点以内

D. 正船首方向

16. 决定两艘机动船是否构成对遇局面的航向是________。

A. 船首向

B. 航迹向

C. 磁罗经航向

D. 电罗经航向

17. 下列哪种局面具有两船相对速度最大、接近速度最快、供你考虑避碰行动的时间最短的特点是________。

A. 追越局面

B. 对遇局面

C. 交叉相遇局面

D. 以上都一样

18. 当两艘机动船中一艘对对遇局面难以断定时,则应________。

A. 把自己当作直航船

B. 把自己当作让路船

C. 无论如何应减速

D. 停车或停船

19. 你船与他船相遇致有构成碰撞危险,当你对相遇的局面是否属于对遇有怀疑时,你船应________。

A. 向右转向鸣放一短声

B. 向左转向鸣放二短声

C. 保向保速

D. 等待对方采取行动后,再决定本船行动

20. 当一船在正前方发现一盏白色灯光时,应立即假定为________。

A. 正在追越前船

B. 与前船形成对遇局面

C. A 和 B 都对

D. A 和 B 都不对

21. 当两船对各自处于本船右前方的他船是否构成对遇局面持有任何怀疑,应如何采取行动?

A. 各自保向保速

B. 等待对方采取行动后,再决定本船行动

C. 鸣放一短声,立即右转

D. 鸣放二短声,立即左转

22. 如图 2-5 所示,两船对是否构成对遇局面持有怀疑,下列哪种行动符合《规则》规定?

A. 各自右转

B. 各自左转

C. 各自保向保速

D. 等待对方采取行动后，再决定本船行动

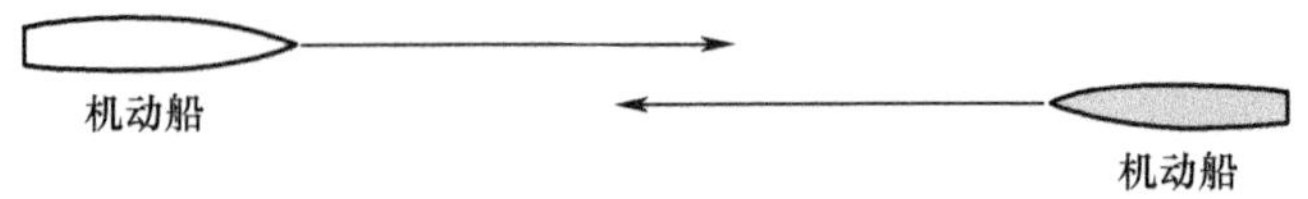

图 2-5　习题 22 图

23. 两船处于对遇局面，当你决定采取右转避让措施时，听到他船发出二短声，并看见他船已向左转向，此时你船采取下列哪种措施最为有利？

A. 遵守规则规定，向右转向并发出一短声

B. 减速、停车、倒车把船停住，并在倒车时发出三短声

C. 若环境许可，向左转向并发出二短声，密切观察他船的动向

D. B 和 C 均可

24. 夜间在海洋上航行，两艘机动船对驶，其航向接近相反时，最容易造成双方行动不协调而发生碰撞的情况是________。

A. 当头对遇时

B. 左舷对左舷且横距不宽裕时

C. 右舷对右舷且横距不宽裕时

4. 两艘大型船舶对遇时

三、习题答案

1. C；2. A；3. D；4. B；5. A；6. A；7. C；8. B；9. A；10. D；11. C；12. D；13. C；14. A；15. B；16. A；17. B；18. B；19. A；20. B；21. C；22. A；23. D；24. C。

第十五条　交叉相遇局面

当两艘机动船交叉相遇致有构成碰撞危险时，有他船在本船右舷的船舶应给他船让路，如当时环境许可，还应避免横越他船的前方。

一、《规则》条文与知识点解读

（一）交叉相遇局面构成条件

构成交叉相遇局面应同时满足以下 4 个条件。

（1）在互见中。

（2）两艘机动船相遇。“机动船”一词的含义与第十四条（对遇局面）中“机动船”的含义相同，也是指除操纵能力受到限制的船舶、失去控制的船舶、从事捕鱼的船舶之外的用机器推进的船舶。另外，交叉相遇局面一定是两船会遇，三艘或三

艘以上的船舶会遇不适用于交叉相遇局面条款,而应属于特殊情况,适用于《规则》第二条责任条款。

(3) 两船航向交叉,但不包括“对遇局面”和“追越”已经涉及的两船航向交叉的情况,即与从左舷(或右舷)6°(或半个罗经点)到112.5°的范围内驶来的船航向交叉。

(4)致有构成碰撞危险时。

(二) 交叉相遇局面的判定

通常可依据下列4点判定交叉相遇局面。

(1) 两船均为机动船。

(2) 他船在本船左舷(或右舷)6°(或半个罗经点)~112.5°的范围内,并且与本船的航向交叉。

(3) 在夜间时,只能看到他船的一侧舷灯和(或)桅灯。白天时,看到他船的上述相应形态。

(4) 接近到如果不采取行动已不能在安全距离驶过。

在判断是否是交叉相遇局面时,还应注意以下几点。

(1) 当对是构成交叉相遇局面还是对遇局面存在怀疑时,应认为是对遇局面;当对是构成交叉相遇局面还是追越存在怀疑时,后船应认为是在追越,而前船应认为是交叉相遇局面。

(2) 一艘在航不对水移动的机动船,当与另一艘在航对水移动的机动船航向交叉并致有构成碰撞危险时,适用于交叉相遇局面条款。

(3) 一艘机动船在驶入锚地抛锚,或起锚驶出锚地过程中,当其航向不定,即使与另一艘行驶的机动船构成交叉态势,也不适用于交叉相遇局面条款,而应属于特殊情况,适用于《规则》第二条责任条款。但是,当其起锚后以稳定的航向行驶时,适用于交叉相遇局面条款。

(4) 在狭水道中航行的机动船,当与前方另一艘穿越狭水道的机动船构成碰撞危险,适用于交叉相遇局面条款。

(5) 从事拖带作业的船舶,当其驶离航向的能力严重受到限制时,不适用于交叉相遇局面条款;当其驶离航向的能力没有严重受到限制时,应适用于交叉相遇局面条款,此时,从事拖带作业的船舶不享有任何特权,而应作为普通的机动船看待。

(6) 两船在航道的弯曲地段对向行驶且相互驶近时,航向虽有交叉,但不适用于交叉相遇局面条款。此时,两船应遵守《规则》第九条规定,各自靠近本船右舷的水道或航道的外缘行驶。

(三) 避碰责任

有他船在本船右舷的船舶是让路船,有他船在本船左舷的船舶是直航船。夜间时,让路船看到的是对方的红色舷灯,直航船看到的是对方的绿色舷灯,故而通常称为“让红不让绿”。

（四）避碰行动

（1）让路船应及早地采取大幅度的避碰行动，宽裕地让清他船。

（2）在交叉相遇局面中，如当时环境许可，让路船应避免横越直航船的前方。

这一规定并不意味着不允许让路船向左转向，而应视具体情况而定。通常，对于右前方小角度交叉的来船和垂直交叉的来船，应采取向右转向避让，如果环境不允许，也可采用减速避让，从来船船尾后方驶过；对于右侧大角度交叉的来船，当距离较远时，可采取向右转向或者减速避让，当距离较近，可采取向左转向避让，也可左转一圈或者减速避让，让直航船先通过。

（3）根据《规则》第十七条第 2 款规定，当直航船发觉让路船显然没有遵照本规则条款采取适当行动时，可独自采取操纵行动。

① 当直航船发觉让路船迟迟不采取避碰行动，或没有采取正确的避碰行动，并且危险程度严重到构成紧迫局面时，直航船即可独自采取操纵行动。

②《规则》第十七条第 3 款明确规定，直航船独自采取行动时，如当时环境许可，不应采取向左转向。通常，直航船可采取向右转向的避碰行动，使本船与让路船平行行驶，等到超过让路船一定距离，并且穿越让路船的前方也不会再次构成碰撞危险时，再恢复原航向行驶。

（4）不论让路船还是直航船，采取行动时应鸣放相应的操纵声号。

二、习题

1. 交叉相遇局面中的航向交叉是指________。

A. 两艘机动船航迹向交叉

B. 两艘机动船船首向交叉

C. A 和 B 都对

D. A 和 B 都不对

2. 交叉相遇局面条款适用于________。

A. 任何能见度时的一切船舶

B. 互见中的一切船舶

C. 能见度不良时的一切船舶

D. 以上都不对

3. 交叉相遇局面条款适用于________。

A. 机动船与帆船

B. 机动船与机动船

C. 机动船与从事捕鱼的船舶

D. 机动船与失去控制的船舶

4. 一艘机帆并用的船舶驶近你船左舷时,你船应________。

A. 左转从他船尾部通过

B. 停车

C. 右转并让清

D. 保向保速

5. 下列哪种观点是正确的?

A. 两艘操纵能力受到限制的船舶交叉相遇,适用交叉相遇局面

B. 两艘从事捕鱼的船舶交叉相遇,适用交叉相遇局面

C. 两艘帆船交叉相遇,适用交叉相遇局面

D. 两艘限于吃水的船舶交叉相遇,适用交叉相遇局面

6. 你船是一艘限于吃水的船舶,在狭水道中航行,遇到他船从你船的右舷穿越该水道构成碰撞危险时,谁是让路船?

A. 你船

B. 他船

C. 两船都是

D. 他船不应妨碍你船通行

7. 一艘机动船与下列机动船交叉相遇,适用交叉相遇局面条款的是________。

A. 失去控制的船舶

B. 操纵能力受到限制的船舶

C. 限于吃水的船舶

D. A、B 和 C 都不是

8. 互见中,机动船甲与从其左舷 60°方向驶来的显示两个圆锥体尖端垂直对接号型的乙船相遇存在碰撞危险时,按规定应________。

A. 乙船右转避让

B. 乙船左转避让

C. 甲船避让乙船

D. 各自向右转向

9. 你船是一艘 10 万吨级操纵能力正常的船舶,在开阔的水域中航行,与从左舷 30°方向驶来的显示两个圆锥体尖端垂直对接号型的来船交叉相遇,致有构成碰撞危险时,他船应________。

A. 向右转向避让你船

B. 减速、停车或倒车把船停住

C. A 和 B 都对

D. A 和 B 都不对

10. 两艘机动船交叉相遇时,________。

A. 有他船在本船右舷的船舶应为让路船

B. 有他船在本船左舷的船舶即为直航船

C. A 和 B 都对

D. A 和 B 都不对

11. 已停车且不对水移动的在航机动船甲,见到右舷 70°方向有另一艘机动船乙驶来,致有构成碰撞危险时,按规则________。

A. 甲船不必采取避让措施

B. 乙船停车避让

C. 甲船动车右转避让

D. 乙船左转避让

12. 避免横越他船前方的规定适用于________。

A. 任何局面中的让路船

B. 两艘帆船相遇时的让路船

C. 船舶之间责任条款中的让路船

D. 交叉相遇局面中的让路船

13. “应避免横越他船前方”的规定适用于________。

A. 任何局面中的让路船

B. 仅适用于交叉相遇局面中的让路船

C. A 和 B 都对

D. A 和 B 都不对

14. “应避免横越他船前方”的规定________。

A. 仅适用于两船构成交叉相遇局面中的让路船

B. 适用于任何情况下的让路船

C. 意味着让路船只能采取右转或减速的让路行动

D. 意味着让路船采取任何的左转行动都是错误的

15. 夜间,在交叉相遇情况下,你船看见来船的两盏桅灯,经观察,两盏桅灯间的水平距离越来越大,这表明________。

A. 来船将横越你船前方

B. 来船将从你船后方通过

C. 来船与你船存在碰撞危险

D. 以上都不对

16. 交叉相遇局面条款要求,让路船如当时环境许可,应避免横越他船的前方,这意味着________。

A. 不允许让路船向左转向

B. 要求直航船增速以增大两船间的最近会遇距离

C. A 和 B 都对

D. A 和 B 都不对

17. 三艘机动船交叉相遇，应执行________。

A. 交叉相遇局面条款

B. 这是一种特殊情况，应执行责任条款

C. A 和 B 都对

D. A 和 B 都不对

18. 一艘在航不对水移动的机动船与一艘机动船在有流的水域交叉相遇时，________。

A. 适用交叉相遇局面规则

B. 这是一种特殊情况，不适用交叉相遇局面规则

C. A 和 B 都对

D. A 和 B 都不对

19. 一艘机动船由锚地驶出欲进入附近航道，其航向未定，与一艘在航道中行驶的机动船构成交叉态势时________。

A. 适用交叉相遇局面规则

B. 这是一种特殊情况，不适用交叉相遇局面规则

C. A 和 B 都对

D. A 和 B 都不对

20. 下列哪种观点是正确的？

A. 当前船对位于其右舷正横后的船舶是否正在追越本船持有任何怀疑，应假定两船为交叉相遇局面

B. 当后船对本船是否正在追越前船持有任何怀疑，应假定处于追越中

C. A 和 B 都对

D. A 和 B 都不对

21. 处在正横交叉相遇局面中的两船，让路船采取减速后的效果是________。

A. 会遇时间延迟，会遇距离增大

B. 会遇时间提前，会遇距离增大

C. 会遇时间延迟，会遇距离减小

D. 会遇时间提前，会遇距离减小

22. 一艘机动船在海上看见另一艘机动船的两盏桅灯和两盏舷灯时，可能构成的局面是________。

A. 对遇局面

B. 交叉相遇局面

C. 追越局面

D. 以上都有可能

三、习题答案

1. B；2. D；3. B；4. D；5. D；6. A；7. C；8. C；9. D；10. C；11. C；12. D；13. B；14. A；15. A；16. D；17. B；18. A；19. B；20. C；21. B；22. D。

第十六条　让路船的行动

须给他船让路的船舶，应尽可能及早地采取大幅度的行动，宽裕地让清他船。

一、《规则》条文与知识点解读

(一) 让路船的含义

(1) 让路船是须给他船让路的船舶，因此，让路船是对应直航船而言的，只有存在直航船的情况下，才存在让路船。

(2) 在能见度不良时不在互见中的两船、在互见中处于《规则》第十四条（对遇局面）中的两船，既不是让路船，也不是直航船，而是负有同等避让责任的船舶。

(3) 在《规则》第十二条（帆船）、第十三条（追越）、第十五条（交叉相遇局面）和第十八条（船舶之间的责任）中，规定了须给他船让路的船舶，即一船是让路船，相应的另一船就是直航船。

(4) 由于各种原因，致使一船对两船相遇的局面难以断定时，最好把自己当成让路船。

(5)《规则》规定的"不得妨碍另一艘船舶通过或安全通过的船舶"不是让路船，相应地，另一艘"不得被妨碍的船舶"也不是直航船。

(二) 让路船的责任

(1) 当会遇局面形成后，让路船应尽可能及早地采取大幅度的行动，宽裕地让清直航船。

(2) 当两船接近到单凭让路船的行动已不能避免碰撞，即构成紧迫危险时，让路船应采取最有助于避碰的行动，以避免碰撞或减轻碰撞程度，减少碰撞损失。在行动时，如果环境许可，应尽可能按照《规则》有关条款的要求采取相应的行动；如果环境不许可，则应运用良好船艺，必要时可背离《规则》。

(3) 根据《规则》第十七条第 4 款的规定，在避碰过程中，不论直航船是否履行了直航船的责任，都不能免除让路船的让路责任，如果两船发生碰撞，让路船应负主要责任。例如，在能合理地认为让路船显然没有遵照本规则条款采取适当行动之前，直航船采取了避让行动，同时让路船也采取了避让行动，但由于两船行动不协调而引起混乱局面并导致发生碰撞，让路船应负主要责任。

（三）让路船的行动

不论直航船是否正确履行了其责任和义务，也不论直航船采取何种行动，让路船都应尽可能及早地采取大幅度的行动，宽裕地让清他船。

（1）转向避让具有行动迅速、方位变化显著、容易被他船发现的特点，因此，如果有足够的水域，及早地采取大幅度转向，是避免紧迫局面最有效的行动，特别对避让船首或船尾方向的来船，往往具有很好的避让效果。

（2）在限制水域、通航密度大的水域（包括渔区）和能见度不良时，为了避免碰撞或留有更多时间估计形势、判断局面，应采用减速避让。虽然减速避让不如转向避让迅速，也不易被他船察觉到，但对正横方向的来船具有较好的避让效果。

（3）在同时采取转向和减速避让时，应注意不要使两船的避让效果相抵消。例如，当来船在本船的左前方时，不要采取右满舵同时减速、停车或倒车的措施。

（4）在交叉相遇局面中，根据《规则》第十五条（交叉相遇局面）的规定，如当时环境许可，让路船应避免横越直航船的前方。

（5）当不能避免碰撞时，应运用良好船艺。通常应调整航向，尽可能造成平行碰擦，并立即停车、倒车以减小船舶的冲量。一船以大角度撞击另一船的中部或机舱部位时，其后果要比撞在另一船的中前部和首部要严重得多。

二、习题

1. 互见中，《规则》将积极、及早采取避让行动的权利与义务________。
A. 同时交给了让路船和直航船
B. 首先交给了让路船
C. 首先交给了直航船
D. 根据环境许可决定交给让路船还是直航船

2.《规则》第十六条“让路船的行动”适用于________。
A. 任何能见度中的负有让路责任与义务的船舶
B. 仅适用于互见中的让路船
C. A 和 B 都对
D. A 和 B 都不对

3. 让路船的行动是________。
A. 给在本船右舷的船舶让路
B. 避免横越他船的前方
C. 应尽可能及早地采取大幅度的行动，宽裕地让清他船
D. 应避免向左转向

4. 让路船如采取转向行动，应尽可能避免________。
A. 对正横前的船舶采取向左转向

B. 对正横或正横后的船舶采取朝着它转向

C. A 和 B 都对

D. A 和 B 都不对

5. 下列哪种观点是正确的?

A. 让路船的责任,就是应及早采取行动,以避免紧迫局面的形成

B. 让路船与直航船的共同责任,就是应及早采取行动,以保证两船能在安全的距离上驶过

C. 若让路船拒不履行让路的责任与义务,则直航船就负有避免紧迫局面形成的责任与义务

D. 若直航船违背《规则》规定采取行动,就可免除让路船应让路的责任与义务

6. 当你驾驶的机动船对两船相遇的局面虽经认真判断,但仍难以断定时,你最好________。

A. 减速

B. 停船

C. 把自己当作直航船

D. 把自己当作让路船

7. 判断下述哪种是正确的?

A. 两船中的一船应给另一船让路时,则另一船即为直航船

B. 两船相遇致有构成碰撞危险时,当一船为让路船,则另一船才为直航船

C. 由于种种原因,致使一艘被让路船无法保持航向和航速,则不应视该船为直航船

D. 只有具备保向保速能力的被让路船,才是规则所规定的直航船

8. 下列哪种观点是正确的?

A. 直航船就是被让路船

B. 被让路船就是直航船

C. A 和 B 都对

D. A 和 B 都不对

9. 下列哪种观点是正确的?

A. 不具有保向保速能力的船舶,不应视为一艘直航船

B. 直航船规定仅适用于交叉相遇局面中的被让路船

C. A 和 B 都对

D. A 和 B 都不对

三、习题答案

1. B;2. B;3. C;4. D;5. A;6. D;7. A;8. C;9. D。

第十七条　直航船的行动

1.（1）两船中的一船应给另一船让路时，另一船应保持航向和航速。

（2）然而，当保持航向和航速的船一经发觉规定的让路船显然没有遵照本规则条款采取适当行动时，该船即可独自采取操纵行动，以避免碰撞。

2. 当规定保持航向和航速的船，发觉本船不论由于何种原因逼近到单凭让路船的行动不能避免碰撞时，也应采取最有助于避碰的行动。

3. 在交叉相遇的局面下，机动船按照本条第 1 款第（2）项采取行动以避免与另一艘机动船碰撞时，如当时环境许可，不应对在本船左舷的船采取向左转向。

4. 本条并不解除让路船的让路义务。

一、《规则》条文与知识点解读

（一）直航船的含义

（1）两船中的一船应给另一船让路时，另一船即为直航船。

① 直航船不一定具有保持航向和航速的能力。例如，当失去控制的船舶及依赖于风的作用而航行的帆船被指定为直航船时。

② 直航船不一定必须保持航向和航速。例如，操纵能力受到限制的船舶、从事捕鱼的船舶以及在有碍航物水域航行的机动船等，当其被指定为直航船时，虽然具有保持航向和航速的能力，但由于工作性质和航行水域等原因而无法保持航向和航速。

③ 直航船不一定时刻保持航向和航速。在避碰过程中，随着会遇形势的变化，直航船也应履行"可独自采取操纵行动"或"应采取最有助于避碰的行动"的义务。

（2）在《规则》第十六条的评述中，叙述了存在直航船的情况，其共同特点是适用于互见中，而不适用于在能见度不良的水域中或在其附近航行时不在互见中的船舶。

（二）直航船的行动

直航船的责任包括以下三个方面：首先，规则适用后保持航向和航速；其次，一经发觉让路船没有遵照本规则条款采取适当行动时，可独自采取操纵行动，以避免碰撞，在交叉相遇的局面下，如当时环境许可，不应对在本船左舷的船采取向左转向；最后，不论由于何种原因，当逼近到单凭让路船的行动不能避免碰撞时，即构成紧迫危险时，应采取最有助于避碰的行动。

1. 保持航向和航速

（1）当"两船中的一船应给另一船让路"的避让关系确定时，直航船就应开始履行保持航向和航速的义务。但应注意的是，避让关系确定不都是以碰撞危险为条件:《规则》第十二条(帆船)和第十五条(交叉相遇局面)避让关系确定是以致有构成碰撞危险为标志;《规则》第十三条(追越)避让关系的确定是以一船开始实施追越另一船的行动为标志;《规则》第十八条(船舶之间的责任)避让关系确定得更早些,只要两船相遇,避让关系就可确定。

(2) 在无正当理由的情况下,直航船应履行保持航向和航速的义务。然而,将保持航向和航速理解为保持罗经航向和主机转速不变是不全面的,这一点已在上述“直航船的含义”中叙述到。判断直航船是否履行了保持航向和航速的义务,应视其行动是否具备下述两个条件:是当时从事航海操作所必需和能被他船理解。上述两个条件缺一不可,只要满足这两个条件,直航船在保持航向和航速阶段,也是可以改变罗经航向和主机转速的。

① 直航船驶入船舶密集水域时适当减速航行。

② 直航船在航道弯曲地段转向或减速行动。

③ 直航船在驶入浅水区时为防止船体下坐而采取的减速行动。

④ 直航船为了避让固定物标或障碍物而采取必要的避让行动。

⑤ 在锚地附近,直航船驶入锚地而采取的减速和必要的转向行动。

⑥ 直航船为接送引航员而减速、停车,或为使引航船处于下风而转向或旋回。

⑦ 直航船在构成碰撞危险之前已开始减速或加速,但在构成碰撞危险时,不可能保持此时的瞬时航速,因此可能继续保持当时的变速状态。

⑧ 被追越船为了让出足够的水域供追越船安全通过而采取转向行动,或为了减小并行时间而采取减速行动。

⑨ 由于风速变化,而使一艘负有保向保速义务的帆船航速发生变化。

⑩ 负有“不得妨碍另一船舶通过或安全通过”的直航船为履行“不得妨碍”责任而采取变向变速行动。

2. 独自采取操纵行动

(1) 对直航船独自采取操纵行动的要求不是强制性的,即可以采取也可以不采取。

(2) 只有在发觉让路船显然没有遵照本规则条款采取适当行动时,直航船才可独自采取操纵行动。“没有遵照本规则条款采取适当行动”是指让路船采取了违反《规则》规定的行动,或没有采取让路行动,致使两船危险度正在不断增大,而且也难以保证在安全距离驶过。因此,可独自采取操纵行动的时机不能太早,行动早了,违背保持航向和航速的规定,还有可能导致与他船的行动不一致;也不能太晚,行动晚了,将错过避碰的有利时机,导致紧迫危险甚至碰撞。通常认为,当构成紧迫局面时,就可以独自采取操纵行动。

(3) 直航船在独自采取操纵行动之前,应鸣放至少五短声的怀疑声号;当采取操纵行动时,应鸣放相应的操纵声号。

（4）当两艘机动船处于交叉相遇局面中，直航船独自采取行动时，如当时环境许可，不应采取向左转向。

（5）直航船在保向保速阶段，应注意查核让路船和行动及其行动的有效性。如果发现让路船采取了行动，但认为让路船的行动不能导致在安全距离驶过，或对其行动意图不明，可鸣放至少五短声的笛号，并可用信号补充，只要危险程度还没有构成紧迫局面，不应独自采取操纵行动。

（6）直航船独自采取操纵行动后，不解除让路船的让路责任，直到驶过让清为止。

3. 采取最有助于避碰的行动

（1）对直航船采取最有助于避碰的行动的要求是强制性的，即必须采取避碰行动。

（2）直航船采取最有助于避碰的行动，应在“两船接近到单凭一船的行动已不能避免碰撞时”。在这一时刻，应认为是处于紧迫危险阶段。

（3）直航船采取最有助于避碰的行动，并不是可以随意采取行动。如果环境许可，应尽可能按照《规则》有关条款的要求采取相应的行动；如果环境不许可，则应运用良好船艺，并可背离《规则》的有关规定采取最有利的行动。

（4）直航船采取最有助于避碰的行动，其目的是避免碰撞，如果不能避免碰撞，则应减轻碰撞程度，减少碰撞损失。

（5）与对让路船的要求一样，当不能避免碰撞时，应尽可能避免大角度碰撞，特别是直角相撞，避免撞击在本船和另一船的中部或机舱等薄弱部位，并采取停车、倒车以减小撞击冲量。

二、习题

1. 直航船的行动条款适用于________。

A. 帆船规则和船舶之间责任条款

B. 追越规则

C. 交叉相遇局面规则

D. A、B 和 C 都对

2. 一艘机动船在海上航行，与下列船舶在互见中相遇，谁是直航船？

A. 右舷 120°方向驶近的大油轮

B. 左舷 60°方向驶近的在水面上的水上飞机

C. 正前方驶近的帆船

D. 左舷 80°方向驶近的在水面上的潜艇

3. 直航船的行动条款适用于________。

A. 互见中的船舶

B. 任何能见度情况下的船舶

C. 互见中的机动船

D. 任何能见度时的机动船

4. 两艘机动船中的一船应给另一船让路时,另一船应________。

A. 保向和减速

B. 保向保速

C. 改向保速

D. 保向增速

5. 两艘机动船处在交叉相遇局面中,当碰撞危险开始时,直航船应________。

A. 保向保速

B. 发出警告信号

C. 采取最有助于避碰的行动

D. 独自采取操纵行动以避免碰撞

6. 所谓的保向保速意指________。

A. 保持初始时的航向和航速

B. 并不一定非要保持同一罗经航向或同一主机转速

C. A 和 B 都对

D. A 和 B 都不对

7. 直航船应保持航向和航速,这意味着________。

A. 任何改变航向与航速的行为都是违背《规则》的行为

B. 只要当时环境许可,就应保持原来的航向与航速

C. A 和 B 都对

D. A 和 B 都不对

8. 被追越船为缩短两船的并行时间而采取的减速措施是________。

A. 运用良好的船艺

B. 违背《规则》

C. 遵守《规则》

D. A 和 C 都对

9. 下列说法正确的是________。

A. 直航船一经发现让路船右转企图通过本船船尾时,即可增速或右转以协助避让

B. 直航船一经发现让路船左转企图越过本船前方时,即可减速或左转,以增大通过距离

C. A 和 B 都对

D. A 和 B 都不对

10.《规则》允许直航船独自采取行动的时机是________。

A. 与另一船致有构成碰撞危险时

B. 两船接近到单凭让路船的行动已不能保证在安全距离上驶过时

C. 两船接近到单凭让路船的行动已不能避免碰撞时

D. 只要有助于避碰,任何时候均可独自采取行动

11. 下列哪种观点是正确的?

A. 当直航船发觉让路船显然没有遵照本规则各条采取适当行动时,直航船应终止保向保速而独自采取行动

B. 当两船逼近到单凭让路船的行动已不能避免碰撞时,直航船可以终止保向保速而独自采取行动

C. A 和 B 都对

D. A 和 B 都不对

12. 直航船独自采取操纵行动以避免碰撞的时机是________。

A. 当发现两船业已构成碰撞危险时

B. 当发现两船业已构成紧迫局面时

C. 当发现两船业已构成紧迫危险时

D. 当发现让路船显然未遵守《规则》规定采取让路行动时

13. 交叉相遇局面中的直航船发现让路船显然没有遵照《规则》采取适当行动时,即可独自或________。

A. 向左转向过他船船尾

B. 减速让他船过本船船首

C. 右转至与来船航向平行

D. 鸣放五短声并大幅度右转

14.《规则》允许直航船可独自采取操纵行动的条件是________。

A. 与另一船相遇致有构成碰撞危险时

B. 两船逼近到单凭让路船的行动不能避免碰撞时

C. A 和 B 都对

D. A 和 B 都不对

15.《规则》允许直航船可以独自采取操纵行动的时机是________。

A. 两船已接近到单凭让路船的行动已不能保证两船在安全距离上驶过时

B. 当发觉两船已接近到单凭让路船的行动已不能避免碰撞时

C. 只要有助于避碰,在任何时候均可独自采取行动

D. 以上都对

16. 直航船独自采取操纵行动的时机,一般认为,在海上两船相距________。

A. 1n mile

B. 2n mile

C. 3n mile

D. 4n mile

17.“直航船独自采取行动……不应对左舷来船向左转向”的规定适用于________。

A. 任何局面中的直航船

B. 仅适用于交叉相遇局面中的直航船

C. 特殊情况

D. 狭水道或航道或通航密集水域

18.“不应对在本船左舷的船舶采取向左转向”的规定适用于________。

A. 直航船

B. 交叉相遇局面中的直航船

C. 追越船

D. 以上都适用

19. 直航船应终止保向保速的时机为________。

A. 当发觉让路船显然未遵照《规则》采取适当行动时

B. 当发觉仅凭让路船的行动已难以保证在安全的距离上通过时

C. 当发觉仅凭让路船的行动已不能避免碰撞时

D. 当两船已接近到凭两船共同采取行动仍难以避免碰撞时

20. 直航船也应采取最有助于避碰的行动,这意味着两船已构成________。

A. 紧迫危险

B. 紧迫局面

C. 碰撞危险

D. 以上都不是

21. 当保向保速的船发觉本船不论何种原因逼近到单凭让路船的行动已不能避免碰撞时,也应采取________的行动。

A. 避免紧迫危险

B. 最有助于避碰

C. 最有助于安全

D. 最为可靠

22.《规则》允许直航船采取最有助于避碰的行动的条件是________。

A. 当直航船发觉让路船显然没有遵照《规则》各条采取适当行动时

B. 与另一船相遇致有构成碰撞危险时

C. 只要有助于避碰的任何时候

D. 以上都不对

23. 当直航船发觉两船接近到单凭让路船的行动已不能避免碰撞时,也应采取最有助于避碰的行动,这意味着________。

A. 直航船要采取背离《规则》的行动

B. 直航船仍应全面执行《规则》的规定

C. A 和 B 都对

D. A 和 B 都不对

24. 应采取最有助于避碰的行动,就意味着直航船________。

A. 可以全面背离《规则》的各条规定

B. 只要当时环境许可,仍应全面执行《规则》的各条规定

C. A 和 B 都对

D. A 和 B 都不对

三、习题答案

1. D;2. C;3. A;4. B;5. A;6. C;7. B;8. D;9. D;10. B;11. D;12. D;13. D;14. D;15. A;16. B;17. B;18. B;19. C;20. A;21. B;22. D;23. A;24. B。

第十八条　船舶之间的责任

除第九、第十和第十三条另有规定外:

1. 机动船在航时应给下述船舶让路:

(1) 失去控制的船舶;

(2) 操纵能力受到限制的船舶;

(3) 从事捕鱼的船舶;

(4) 帆船。

2. 帆船在航时应给下述船舶让路:

(1) 失去控制的船舶;

(2) 操纵能力受到限制的船舶;

(3) 从事捕鱼的船舶。

3. 从事捕鱼的船舶在航时,应尽可能给下述船舶让路:

(1) 失去控制的船舶;

(2) 操纵能力受到限制的船舶。

4. (1) 除失去控制的船舶或操纵能力受到限制的船舶外,任何船舶,如当时环境许可,应避免妨碍显示第二十八条信号的限于吃水的船舶的安全通行;

(2) 限于吃水的船舶应充分注意到其特殊条件,特别谨慎地驾驶。

5. 在水面的水上飞机,通常应宽裕地让清所有船舶并避免妨碍其航行。然而,在有碰撞危险的情况下,则应遵守本章各条的规定。

6. (1) 地效翼船在贴近水面起飞、降落和飞行时应宽裕地让清所有其他船舶，并避免妨碍它们的航行；

(2) 在水面上操作的地效翼船应作为机动船，遵守本章各条。

一、《规则》条文与知识点解读

(一) 不同种类船舶间的避让关系

(1) 本条规定了两艘不同种类船舶之间的避让关系，属于等级制原则，仅适用于在互见中，但不以是否导致构成碰撞危险为条件。

(2) 等级制原则的确立，是以操纵能力好的船给操纵能力差的船让路为原则。

① 在航机动船(包括限于吃水的船舶、水上飞机和地效翼船)应给失去控制的船舶、操纵能力受到限制的船舶、从事捕鱼的船舶和帆船让路。

② 在航帆船应给失去控制的船舶、操纵能力受到限制的船舶和从事捕鱼的船舶让路。

③ 在航从事捕鱼的船舶应尽可能给失去控制的船舶和操纵能力受到限制的船舶让路。

(3) 对于两艘从事捕鱼的船舶相遇，或两艘操纵能力受到限制的船舶相遇，或两艘失去控制的船舶相遇，或一艘操纵能力受到限制的船舶与一艘失去控制的船舶相遇的避让关系，《规则》没有作出规定，可作为特殊情况处理。

(4) 当《规则》第九条、第十条和第十三条规定与第十八条规定冲突时，应优选适用第九条、第十条和第十三条规定。

(5) 船舶只有在满足《规则》第三条有关定义的条件，并且显示《规则》第三章规定的相应号灯或号型时，才可正当地将其视为相应的权利船。例如，一艘正在从事敷设海底电缆的船舶，虽然操纵能力受到限制而不能给他船让路，但如果不显示“操纵能力受到限制的船舶”的号灯或号型，则其不应被视为“操纵能力受到限制的船舶”。

(二) 水上飞机和地效翼船

(1) 当水上飞机和地效翼船在起飞、降落、在水面上滑行和在贴近水面飞行时，由于速度较高，并且具有较好的操纵性能，因此应宽裕地让清所有其他船舶并避免妨碍其航行，即应承担“不得妨碍”的责任；当与其他船舶相遇导致构成碰撞危险时，应作为机动船，按照《规则》第二章驾驶和航行规则的规定，履行有关“机动船”的避让责任，并继续履行“不得妨碍”他船的责任。

(2) 当水上飞机和地效翼船处于在水面停泊、在水面航行状态时，应完全作为普通机动船看待。

(三) 限于吃水的船舶

(1) 机动船(不包括限于吃水的船舶)、帆船和从事捕鱼的船舶，如当时环境许可,则“不得妨碍”限于吃水的船舶的安全通行。这些船舶应采取避免构成碰撞危险的航行方法,并留出足够的水域供限于吃水的船舶航行,使两船在安全距离上驶过;限于吃水的船舶应充分注意自身的特殊条件,特别谨慎地驾驶。

(2) 当限于吃水的船舶与上述其他船舶构成碰撞危险时,应作为机动船,履行机动船的避让责任。

二、习题

1.《规则》第十八条船舶之间的责任条款适用于________。

A. 任何能见度

B. 互见中

C. 仅为交叉相遇局面

D. 仅为对遇局面

2. 船舶之间的责任条款的基本原则是________。

A. 机动船避让非机动船

B. 操纵能力受限制的船不负让路责任

C. 根据船舶采取有效操纵行动的能力划分责任

D. A、B 和 C 都是

3. 一艘机动船与一艘帆船在相反的航向上对驶构成碰撞危险时,应________。

A. 遵守对遇局面条款

B. 帆船给机动船让路

C. 各自向右转向

D. 机动船给帆船让路

4. 互见中,一艘帆船与一艘万吨级机动船在相反的航向上相遇存在碰撞危险时,应________。

A. 各自向右转向

B. 各自向左转向

C. 帆船向右转向

D. 机动船负让路责任

5. 在狭水道中,当遇到一艘帆船在你驾驶的大型机动船船首掉樯时,安全操作避让行动是________。

A. 转向对帆船的船尾

B. 转向对帆船的船首

C. 减速或停车,让帆船掉樯驶过

D. 鸣笛警告且保向保速

6. 甲机动船在左舷 45°见到一艘操纵能力受到限制的乙船,且构成碰撞危险,其让路责任是________。

A. 乙船是让路船

B. 甲船应保向保速

C. 甲船是让路船

D. 甲船和乙船都是让路船

7. 你船是在深水航道受限的水域中航行并按《规则》悬挂限于吃水的船舶的号型,与从右舷驶来的挂有球体、菱形体、球体三个号型的他船交叉相遇并致有构成碰撞危险,则________。

A. 你船应给他船让路

B. 他船应给你船让路

C. 互为让路船

D. 以上都不对

8. 除失去控制的船舶、操纵能力受到限制的船舶外,任何船舶应避免妨碍限于吃水的船舶的通行,就意味着________。

A. 任何船舶都负有让路的责任与义务

B. 只有当构成碰撞危险之后,任何船舶才负有让路的责任与义务

C. 在构成碰撞危险之前,任何船舶均应采取不致与限于吃水的船舶形成碰撞危险的航法航行

D. 任何船舶均应采取不致与限于吃水的船舶形成紧迫局面的航法航行

9. 除失去控制的船舶、操纵能力受到限制的船舶外,任何船舶与限于吃水的船舶相遇时,《规则》的要求是________。

A. 从事捕鱼的船舶给限于吃水的船舶让路

B. 帆船给限于吃水的船舶让路

C. 限于吃水的船舶应注意到其特殊条件,特别谨慎地驾驶

D. A、B 和 C 都不对

10. 在水面上的水上飞机,通常应宽裕地让清________,并避免妨碍其航行。

A. 失去控制的船舶

B. 从事捕鱼的船舶

C. 机动船

D. 任何船舶

11.《规则》规定:“在水面的水上飞机,通常应宽裕地让清所有船舶并避免妨碍其航行。然而,在有碰撞危险的情况下,则应遵守________的规定。”

A.《规则》各条

B.《规则》第二章各条

C.《规则》第十八条

D. 以上都不对

12. “在水面的水上飞机,通常应宽裕地让清所有船舶并避免妨碍其航行”的规定,意味着在有碰撞危险的情况下________。

A. 水上飞机仍然负有宽裕地让清他船的责任与义务

B. 水上飞机仍然可能负有宽裕地让清他船的责任与义务

C. A 和 B 都对

D. A 和 B 都不对

13. 在水面的水上飞机与一艘机动船相遇而且存在碰撞危险时________。

A. 水上飞机应宽裕地让清机动船

B. 应按互见中的行动规则规定让路

C. 机动船应宽裕地让清水上飞机

D. A、B 和 C 都不对

14. 两艘帆船相互驶近致有构成碰撞危险时的避让原则是________。

A. 两船在不同舷受风时,左舷受风船给他船让路

B. 下风船给上风船让路,右舷受风船给他船让路

C. 上风船给下风船让路,右舷受风船给他船让路

D. 两船在同舷受风时,下风船给上风船让路

15. 被追越的机动船应给下列哪种追越船让路?

A. 操纵能力受到限制的船舶

B. 从事捕鱼的船舶

C. 失去控制的船舶

D. 以上都不对

16. 夜间,当一船发现正前方的一盏白灯,偶尔可看到一盏绿灯,并觉得有碰撞危险时,则该船应认为本船是________。

A. 交叉相遇局面中的直航船

B. 交叉相遇局面中的让路船

C. 追越局面中的追越船

D. 对遇局面中的一船

17.《规则》中“致有构成碰撞危险”的含义是________。

A. 如果两船保向保速,则在一定时间内,两船发生碰撞

B. 如果两船保向保速,则在一定时间内,两船最近会遇距离小于安全距离,也可能发生碰撞

C. A 和 B 都对

D. A 和 B 都不对

18. 应及早地采取行动以避免紧迫局面的形成是________。

A. 互见中让路船的责任

B. 互见中具有同等避让责任船舶的责任

C. 能见度不良时,仅凭雷达判定存在碰撞危险,应采取避让行动的船舶

D. A、B 和 C 都对

19. 当两船接近到单凭一船的避让行动不能保证两船在安全距离驶过时,则两船________。

A. 致有构成碰撞危险

B. 已形成紧迫局面

C. 已形成紧迫危险

D. 碰撞已不可避免

20. 下列哪种情况不适用交叉相遇局面?

A. 互见中一艘机动船与一艘从事一般拖带作业的船舶交叉相遇致有构成碰撞危险时

B. 互见中一艘机动船与一艘从事捕鱼的船舶交叉相遇致有构成碰撞危险时

C. 互见中两艘机动船,一艘在航不对水移动,另一艘从其右舷正横附近驶来致有构成碰撞危险

D. 以上都不适用

21. 在交叉相遇局面中,下列哪种说法正确?

A. 让路船采取向右转向通常是给右前方来船让路的最好方法

B. 避让右正横附近的来船,必要时采取大幅度向左转向也可取

C. 避让右正横后 15°的来船,大幅度向左转向比减速有效

D. A、B 和 C 都对

22. 在互见中,当你船与另一船相遇并致有构成碰撞危险但对当时的局面难以确定时,你最好是________。

A. 将航速减小到维持舵效的速度

B. 立即把船停住

C. 把自己当作直航船

D. 不把自己当作直航船,并采取相应行动

23. 你驾驶机动船在正前方发现一盏白灯,则他船可能是________。

A. 被追越船

B. 对遇船

C. 锚泊船

D. 以上都可能是

24. 海上两艘机动船交叉相遇，当呈右正横附近会遇态势，此时让路船最好的措施是________。

A. 向右转向过来船船尾

B. 减速

C. 停车

D. 大舵角左转绕一圈避让来船

25. 在交叉相遇局面的最初阶段，直航船________。

A. 应保向保速

B. 可以采取避让行动

C. 应鸣放怀疑声号

D. A、B 和 C 均可

26. 在交叉相遇局面中，直航船已经发觉规定的让路船显然没有遵守《规则》采取适当行动时，仍保向保速地消极等待，以致最后发生碰撞，这属于________。

A. 遵守《规则》的疏忽

B. 对海员通常做法可能要求的任何戒备上的疏忽

C. 对特殊情况可能要求的任何戒备上的疏忽

D. 直航船驾驶员瞭望疏忽

27. 互见中，“及早地采取避让行动”的含义是________。

A. 给他船让路的船舶应及早地采取行动

B. 不给保向保速的船早期采取避让行动的权利

C. A 和 B

D. A 或 B

28. 交叉相遇局面中的直航船如按《规则》独自采取操纵行动，则可________。

A. 向左转向驶过他船船尾

B. 减速，让他船过本船船首

C. 鸣放五短声后大幅度右转并鸣放一短声

D. A、B 和 C 均可采用

29. 在交叉相遇局面中，直航船按《规则》规定独自采取操纵行动时，则________。

A. 让路船终止让路义务

B. 让路船和直航船具有同等的避碰责任

C. 让路船仍负有让路的义务

D. 以上都不对

30. 在互见中，当两船中的一船在较早的时间里采取让路行动时，另一船应________。

A. 保向保速

B. 同时让路

C. 采取协调行动

D. 采取最有助于避碰的行动

31. 须给他船让路的船舶应________。

A. 积极地、及早地采取避让行动

B. 注意运用良好船艺

C. 宽裕地让清他船

D. A、B 和 C 都对

32. 在能合理地认为让路船没有采取避让行动之前,直航船采取了避让行动,同时让路船也采取了行动引起混乱局面而发生碰撞,谁应负主要责任?

A. 直航船

B. 让路船

C. 如直航船采取向左转向则负主要责任

D. 各负 50%的责任

33. 按《规则》规定,不应被妨碍的船舶与不应妨碍他船的船舶致有构成碰撞危险,前者可能是一艘________。

A. 直航船

B. 让路船

C. A 和 B 都有可能

D. 以上都不对

34. 互见中,从事捕鱼的船舶在航时,应尽可能给下列哪种船舶让路?

A. 失去控制的船舶

B. 限于吃水的船舶

C. 操纵能力受到限制的船舶

D. A 和 C 都对

35. 互见中,除失去控制的船舶或操纵能力受到限制的船舶外,下列哪些船舶如环境许可,应避免妨碍限于吃水的船舶安全通行?

A. 任何船舶

B. 从事捕鱼的船舶

C. 帆船

D. 长度小于 20m 的船舶

36. 互见中,限于吃水的船舶与一艘失去控制的船舶相遇构成碰撞危险时,则________。

A. 限于吃水的船舶给失去控制的船舶让路

B. 失去控制的船舶给限于吃水的船舶让路

C. 两船具有同等的避让责任

D. 以上都不对

37. 互见中,帆船与从事捕鱼的船舶构成交叉相遇局面时,则________。

A. 遵守交叉相遇局面规则

B. 两船都应采取避让行动

C. 帆船给从事捕鱼的船舶让路

D. 从事捕鱼的船舶给帆船让路

38. 一艘机帆并用的船舶,交叉驶近你船(机动船)左舷并致有构成碰撞危险时,你船应________。

A. 左转从他船船尾通过

B. 停车

C. 右转并让清他船

D. 保向保速

39. 一艘在狭水道内靠右航行的机动船,与另一艘横穿狭水道的机动船交叉相遇并致有构成碰撞危险,则________。

A. 此时适用交叉相遇局面规则

B. 横穿狭水道的船是让路船

C. 两船同时采取避让行动

D. 以上都不对

40. 互见中,一艘机动船与一艘从其左舷驶近的限于吃水的船舶构成交叉相遇局面,则________。

A. 机动船应给限于吃水的船舶让路

B. 限于吃水的船舶应给机动船让路

C. 机动船仍负有不妨碍限于吃水的船舶安全通过的义务

D. B和C都对。

三、习题答案

1. B;2. C;3. D;4. D;5. C;6. C;7. A;8. C;9. C;10. D;11. B;12. B;13. D;14. A;15. D;16. C;17. B;18. D;19. B;20. B;21. D;22. D;23. D;24. C;25. A;26. A;27. D;28. C;29. C;30. A;31. D;32. B;33. C;34. D;35. A;36. A;37. C;38. D;39. A;40. D。

第三节　船舶在能见度不良时的行动规则

第十九条　船舶在能见度不良时的行动规则

1. 本条适用于在能见度不良的水域中或在其附近航行时不在互见中的船舶。

2. 每一船应以适合当时能见度不良的环境和情况的安全航速行驶，机动船应将机器作好随时操纵的准备。

3. 在遵守本章第一节各条时，每一船应适当考虑当时能见度不良的环境和情况。

4. 一船仅凭雷达测到他船时，应判定是否正在形成紧迫局面和(或)存在碰撞危险。若是如此，应及早地采取避让行动，如果这种行动包括转向，则应尽可能避免如下各点：

(1) 除对被追越船外，对正横前的船舶采取向左转向；

(2) 对正横或正横后的船舶采取朝着它转向。

5. 除已断定不存在碰撞危险外，每一船当听到他船的雾号显示在本船正横以前，或者与正横以前的他船不能避免紧迫局面时，应将航速减到能维持其航向的最小速度。必要时，应把船完全停住，而且，无论如何，应极其谨慎地驾驶，直到碰撞危险过去为止。

一、《规则》条文与知识点解读

(一) 适用范围

(1) 本条的规定适用于在能见度不良的水域中或在其附近航行时不在互见中的船舶，即船舶在能见度不良的水域中航行时应遵守本条的规定，并且，在能见度不良的水域附近航行时，即使所在水域能见度良好，也应遵守本条的规定。

(2) 船舶在能见度不良的水域中或在其附近航行时，仍负有全面执行《规则》各条的责任和义务，而不应只执行本条的规定。

(3) 本条第2、第3款是针对能见度不良情况对船舶的谨慎驾驶要求和戒备要求，因此，不论船舶所处的水域有没有其他船舶，也不论与他船是否在互见中，只要是在能见度不良的水域或其附近，都应严格遵守。

(4) 本条第4、第5款是针对两船“不在互见中”的情况对船舶的避碰行动要求，因此，仅适用于“不在互见中”但存在碰撞可能性的两船，当两船接近到互见时不再适用，而应执行《规则》第二章第二节“船舶在互见中的行动规则”。

(二) 谨慎驾驶和戒备要求

(1) 船舶在能见度不良的水域中或在其附近航行时，在遵守《规则》第二章第一节各条时,应适当考虑当时能见度不良的环境和情况,保持与之相适应的戒备,以便采取适合当时能见度情况的行动。

(2) 船舶在能见度不良的水域中或在其附近航行时,应特别注意以适合当时能见度不良的环境和情况的安全航速行驶,并且应备车航行。

① 用低速行驶、用缓速行驶、用能在能见度一半的距离内把船停住的速度行驶的说法都是不准确的,甚至是错误的。

② 当能见度下降到5n mile时,机动船应备车航行,不备车航行是对遵守《规则》各条的疏忽。

(3) 船舶在能见度不良的水域中或在其附近航行时,应按《规则》第三十五条的规定鸣放雾号;当与他船接近到互见时,在继续鸣放雾号的同时,还应按《规则》第三十四条的规定正确鸣放操纵和警告信号。

(三) 避碰责任

(1) 在能见度不良的水域中或在其附近,当两船不在互见中会遇,各船既不是让路船,也不是直航船,而是负有同等避让责任的船舶。

(2) 当一船仅凭雷达测到他船时,应判定是否正在形成紧迫局面和(或)存在碰撞危险,这是下一步采取避让行动的先决条件。

在判断是否存在碰撞危险时,应使用适合当时环境和情况的一切有效手段,并进行雷达标绘或与其相当的系统观察,不应根据不充分的资料,特别是雾号的方向作出推断。

(3) 如果正在形成紧迫局面和(或)存在碰撞危险,应及早采取避让行动。

(四) 转向避让行动

本条第4款规定:当一船仅凭雷达测到他船,并且正在形成紧迫局面和(或)存在碰撞危险时,如果采取转向行动,则应尽可能避免以下各点:①除对被追越船外,对正横前的船舶采取向左转向;②对正横或正横后的船舶采取朝着它转向。

1. 应按下述方法转向:

① 当他船位于本船的正横前,并且本船不在追越他船,本船应尽可能采取向右转向。

② 当他船位于本船的右正横和右正横后,本船应尽可能采取向左转向。

③ 当他船位于本船的左正横和左正横后,本船应尽可能采取向右转向。

④ 当他船位于本船正后方,本条没有规定,原则上向右转向或向左转向都可以,由于这种情况为他船正在追越本船,虽然《规则》第十三条追越规定不适用,但基于追越船通常从被追越船左舷追越的习惯做法,本船采取向右转向为好。

⑤ 当本船正在追越右正横前的他船时,本船应尽可能采取向左转向。

⑥ 当本船正在追越左正横前的他船,本船应尽可能采取向右转向。

⑦ 当本船正在追越正前方的他船,基于追越船通常从被追越船左舷追越的习

惯做法,本船采取向左转向,从前船的左舷追越为好。

可将上述各点转向方法归纳如下:

① 当他船位于本船的右正横和右正横后,本船应尽可能采取向左转向。

② 当本船正在追越右正横前和正前方的他船,本船应尽可能采取向左转向。

③ 在其他会遇态势下,本船都应尽可能采取向右转向。

2. 在采取上述行动时,应鸣放《规则》第三十五条规定的能见度不良时的相应声号,但不能鸣放《规则》第三十四条规定的操纵和警告信号。

(五) 减速避让行动

(1) 在没有足够的水域或存在第三船等致使本船无法大幅度转向避让的情况下,船舶应考虑采用减速避让措施。

(2) 当避让右正横前的来船时,本船采取减速避让效果会较好,因为如果来船采取向右转向,则与本船的避让效果是一致的,如果来船也采取减速避让,则会减缓两船接近的速度。

(3) 当避让左正横前的来船,本船采取减速避让时应注意以下两点:

① 不应既采取减速行动又向右转向,否则两者的避让效果会相抵消。

② 本船的减速行动可能会与来船的右转和(或)减速措施的效果相互抵消。

(4) 当避让正横附近的来船,本船采取减速避让可以改变两船"齐头并进"的局面,避让效果比较有效。

(5) 除已断定不存在碰撞危险外,当听到他船的雾号显示在本船正横以前,或者与正横以前的他船不能避免紧迫局面时,应将航速减到能维持其航向的最小速度。必要时,应把船完全停住。

① 当听到他船的雾号显示在本船正横以前且不能断定不存在碰撞危险,则应将航速减到能维持其航向的最小速度,并在必要时把船完全停住;如果已断定不存在碰撞危险,则可不减速或把船完全停住。

将航速减到能维持其航向的最小速度往往会比把船完全停住要好,因为这样做可以在需要时用舵转向。但是,如果必须把船停住,则应毫不犹豫地用停车或倒车把船停住,并极其谨慎地驾驶。

② "不能避免紧迫局面"是指已构成紧迫局面,因此,当与正横以前的他船已构成紧迫局面,不论是否听到他船的雾号,都应将航速减到能维持其航向的最小速度,并在必要时把船完全停住。

③ 当他船位于本船正横以前时,应极其谨慎地驾驶,尤其是不能盲目转向。

④ 当听到他船的雾号显示在本船正横附近时,如果不能断定不存在碰撞危险,则采取减速行动也往往是谨慎的做法。

⑤ 当听到他船的雾号显示在本船正横以后且不能断定不存在碰撞危险,或者与正横以后的他船已构成紧迫局面时,本船不宜盲目采取减速和把船停住的措施,

谨慎的做法应该是背着来船转向,甚至把来船置于本船尾部,然后再判断来船的动态和采取进一步的行动。

二、习题

1. 能见度不良时的行动规则的适用范围是________。
A. 在能见度不良的水域中航行的船舶
B. 在能见度不良的水域中不在互见中的船舶
C. 在能见度不良的水域或在其附近航行时不在互见中的船舶
D. 在能见度不良的水域或在其附近航行的船舶
2. 船舶在能见度不良时的行动规则适用于________。
A. 在能见度不良的水域中航行的任何船舶
B. 在能见度不良的水域或在其附近航行的任何船舶
C. A 和 B 都对
D. A 和 B 都不对
3. 在能见度不良的水域中航行的两船,当接近到互相看得见时,应________。
A. 继续遵守船舶在能见度不良时的行动规则
B. 作为特殊情况对待,不能片面强调适用互见中或能见度不良时的行动规则
C. A 和 B 都对
D. A 和 B 都不对
4. 下列哪种情况应遵守船舶在互见中的行动规则?
A. 能见度不良的情况下,两船驶近到相互用视觉看到时
B. 由于航行灯的发光强度不一样,使两船不能同时相互看到时
C. 低层雾遮盖了一船的驾驶室而未遮盖其桅灯时
D. A 和 B 都是
5. 在能见度不良的水域中航行的两船,当接近到能相互看见时,应________。
A. 继续遵守船舶在能见度不良时的行动规则
B. 作为特殊情况对待,不能片面强调适用互见中或能见度不良时的行动规则
C. A 和 B 综合起来考虑
D. A、B 和 C 都不对
6. 当两船在能见度不良的水域中相互看见时,应________。
A. 中断鸣放能见度不良时的声号
B. 如采取避让行动,则应暂时停止鸣放雾号,而按章鸣放互见中的行动信号
C. 在鸣放雾号的同时,正确地鸣放互见中的行动信号
D. 以上都不对
7. 下列哪种观点是正确的?

A. 船舶在能见度不良的水域中航行只应执行船舶在能见度不良时的行动规则

B. 船舶在能见度不良的水域中航行仍负有全面执行《规则》的责任与义务

C. A 和 B 都对

D. A 和 B 都不对

8. 两船在能见度不良的水域中相遇并致有构成碰撞危险时________。

A. 不管当时情况如何,两船均负有避让的责任与义务

B. 只要两船仍然无法用视觉相互看到,两船仍然均负有避让的责任与义务

C. A 和 B 都对

D. A 和 B 都不对

9. 你驾驶的机动船在雾中航行,在右前方听到他船一长声二短声的雾号,此时________。

A. 你船是让路船

B. 他船是让路船

C. 两船都负有同等的避让责任

D. 以上都不对

10. 在能见度不良的水域中航行时,下列哪种说法最为合适?

A. 用前进一的低速航行

B. 以适合当时能见度不良的环境和情况的安全航速行驶

C. 缓速行驶

D. 以能在能见距一半的距离上停船的速度行驶

11. 能见度不良时要求机动船备车,此要求适用于________。

A. 狭水道

B. 通航密集水域

C. 分道通航制水域

D. 任何水域

12. 能见度不良时,及早地采取避让行动的先决条件是________。

A. 无先决条件

B. 判明存在碰撞危险时

C. 听到雾号时

D. 雷达测到他船时

13. 在能见度不良的水域中航行时,下列哪种情况不能作为判断不存在碰撞危险的依据________。

A. 通过雷达标绘确信能在安全距离上驶过

B. ARPA 显示他船能在安全距离上驶过

C. 他船雾号的方位有明显的变化

D. 两船的操纵意图用 VHF 商定,确信能在安全距离上驶过

14. 一船仅凭雷达测到他船并判定存在碰撞危险,采取转向避让行动时,应尽可能避免________。

A. 除对被追越船外,对正横前的船舶采取向左转向

B. 对正横或正横后的船舶采取朝着它转向

C. A 和 B 都对

D. A 和 B 都不对

15. 能见度不良时,为避免形成紧迫局面,下列行动中应尽可能避免的是________。

A. 对右正横前驶来的船舶采取向右转向

B. 对右正横后驶来的船舶采取向右转向

C. 对右正横驶来的船舶采取向右转向

D. B 和 C 都对

16. 能见度不良时,船舶为避免碰撞而采取行动,其中哪个是符合规则要求的?

A. 对左舷驶来的船舶采取向左转向

B. 对右舷正横前驶来的船舶采取向右转向

C. 对正横后驶来的船舶采取朝着它转向

D. A、B 和 C 都不是

17. 你船在能见度不良的情况下,仅凭雷达测到他船并判定正在形成紧迫局面,如采取转向行动,则应________。

A. 除对被追越船外,对正横前的船舶采取向左转向

B. 对正横或正横后的船舶采取朝着它转向

C. A 和 B 都对

D. A 和 B 都不对

18. 在能见度不良的情况下,一船仅凭雷达测到他船并判定存在碰撞危险时,若采取转向措施,则应尽可能避免________。

A. 对正横前的船舶采取向左转向

B. 对正横或正横后的船舶尽可能背着它转向

C. A 和 B 都对

D. A 和 B 都不对

19. 在雾中,一船仅凭雷达测到他船并判定存在碰撞危险,若采取转向避让,则应避免________。

A. 除对被追越船外,对正横或正横前的船舶采取向左转向

B. 除对追越船外，对正横后的船舶采取朝着它转向

C. A 和 B 都对

D. A 和 B 都不对

20. 在雾区中，若采取转向行动以避免发生碰撞，则________。

A. 任何向右转向的行动都是违背规则的行为

B. 任何向左转向的行动都是不符合海员通常做法的行为

C. A 和 B 都对

D. A 和 B 都不对

21. 在能见度不良的情况下，一船仅凭雷达测到他船，并判定存在碰撞危险时，若采取转向措施，则应________。

A. 除对被追越船外，对正横前的船舶尽可能采取向右转向

B. 对正横或正横后的船舶尽可能采取背着它转向

C. A 和 B 都对

D. A 和 B 都不对

22. 你船在雾中航行，雷达发现正前方有一物标，经测绘确定是迎首对驶，且 DCPA 为 0.1n mile，你船下一步的行动应是________。

A. 保向保速直至听到雾号为止

B. 保向保速直至看到对方为止

C. 根据雷达资料及早采取避让措施

D. A、B 和 C 均可

23. 在能见度不良的情况下，已停车且不对水移动的甲船用雷达测得乙船在本船右舷 45°距离 4n mile 处，连续观测发现其方位不变而距离不断缩小，甲船应采取的措施是________。

A. 继续观测等待乙船避让

B. 动车向右转向避让

C. 动车向左转向避让

D. 倒车

24. 一船仅凭雷达测到他船且已判定正在形成紧迫局面，若要及早地采取转向避让，除对被追越船外，对正横前的船舶应采取________。

A. 向左转向

B. 向右转向

C. 向任意方向转向

D. 保持航向

25. 在雾中航行，你船用雷达测到他船在右前方并判明存在碰撞危险，你船应________。

A. 鸣放一短声向右转向

B. 鸣放二短声向左转向

C. 鸣放三短声倒车

D. A、B 和 C 都不对

26. 在雾航时,本船用雷达测到他船回波的相对方位 140°,距离 4n mile,当相对方位不变而距离接近到 1.5n mile 时,本船应采取________。

A. 保向保速

B. 向右转向

C. 向左转向

D. 以上均可

27. 在能见度不良的情况下,船舶把航速减到能维持其航向的最小速度的时机是________。

A. 当听到正横前他船的雾号时

B. 在雷达上已判定与正横前的来船不能避免紧迫局面时

C. A 和 B 都对

D. A 和 B 都不对

28. 在能见度不良的水域中,一船在雷达上发觉与正前方或接近正前方的来船不能避免紧迫局面时,应________。

A. 将航速减到能维持其航向的最小速度

B. 立即倒车

C. 立即停车

D. 立即大幅度向右转向

29. 在能见度不良的水域中,一船听到他船的雾号显示在本船左舷正横以前,但对他船的船位尚未确定时,应如何行动?

A. 将航速减到能维持其航向的最小速度后谨慎驾驶

B. 缓速后谨慎驾驶

C. 向左转向过他船船尾

D. 保向保速并鸣放雾号

30. 当听到他船的雾号显示在本船右前方,但对他船的船位尚未确定时,应采取________。

A. 向左转向

B. 向右转向

C. 保向保速

D. 以上均不是

31. 在雾航时,当本船与左前方的他船不能避免紧迫局面时,应采取________。

A. 向左转向

B. 向右转向

C. 减速、倒车把船停住

D. 保向保速

32. 在雾航时，一船发现与正横以前的他船不能避免紧迫局面时，应________。

A. 立即减速并维持其航向

B. 鸣放三短声立即倒车

C. 立即采取大幅度向右转向

D. 以上行动均符合良好船艺

33. 当某船听到“·—·”的雾号显示在本船的正前方，且在之前未用雷达探测到时，则该船应________。

A. 立即减速并维持其航向

B. 必要时，应把船完全停住

C. A 和 B 都对

D. A 和 B 都不对

34. 当一船听到他船的雾号显示在本船正横以前，不管是否存在碰撞危险________。

A. 应将航速减至能维持其航向的最小速度

B. 应立即停车、倒车把船停住

C. A 和 B 都对

D. A 和 B 都不对

35. 在雾中航行，你船用雷达测到他船在本船右前方 6n mile，并已判明不存在危险，此时还听到雾号显示在右前方，你船应采取的措施是________。

A. 向右转向

B. 向左转向

C. 把航速减到能维持航向的最小速度，必要时把船停住

D. A 和 C 都对

36. 你船在宽阔的水域中雾航，雷达测到他船在本船左舷 35°并已不能避免紧迫局面时，你船应________。

A. 向右转向避让他船

B. 向左转向避让他船

C. 保向保速

D. 以上都不对

37. 你船在雾中航行，在正前方听到锚泊船的雾号而雷达尚未确定他船时，你船应________。

A. 判定是否存在碰撞危险

B. 大幅度向左转向避让

C. 避免向左转向避让

D. 立即把船停住，以利确认该船

38. 雾中航行，对于一艘不备有可使用雷达的船舶，当听到他船的雾号显示在正横以前时，“应极其谨慎地驾驶”的含义之一是________。

A. 减速

B. 把船停住

C. 及早转向

D. A 和 C 都对

39. 能见度不良时，要求机动船备车航行，该要求适用于________。

A. 狭水道和分道通航制水域

B. 交通密集水域

C. 岛礁区和沿岸水域

D. 任何水域

三、习题答案

1. C；2. D；3. D；4. D；5. D；6. D；7. B；8. D；9. C；10. B；11. D；12. B；13. C；14. C；15. D；16. B；17. D；18. D；19. D；20. D；21. C；22. C；23. B；24. B；25. D；26. C；27. C；28. A；29. A；30. D；31. C；32. A；33. C；34. C；35. C；36. D；37. D；38. B；39. D。

第三章　号灯和号型

第二十条　适 用 范 围

1. 本章条款在各种天气中都应遵守。

2. 有关号灯的各条规定,从日没到日出时都应遵守。在此时间内不应显示别的灯光,但那些不会被误认为本规则条款规定的号灯,或者不会削弱号灯的能见距离或显著特性,或者不会妨碍正规瞭望的灯光除外。

3. 本规则条款所规定的号灯,如已设置,也应在能见度不良的情况下从日出到日没时显示,并可在一切其他认为必要的情况下显示。

4. 有关号型的各条规定,在白天都应遵守。

5. 本规则条款规定的号灯和号型,应符合本规则附录一的规定。

一、《规则》条文与知识点解读

(一) 号灯的显示时间

(1) 任何能见度情况下,从日没到日出(夜间)必须显示。

(2) 能见度不良情况下,从日出到日没,如已设置,也必须显示。

(3) 能见度良好情况下,从日出到日没,在认为有必要时也可以显示。

(二) 号型的显示时间

(1) 任何能见度情况下,在白天时应显示。

(2) 白天不仅包括从日出到日没这一段时间,还应包括日出之前和日没之后的晨光昏影期间。

(3) 晨光昏影也称为晨昏朦影,是在日出前和日没后的一段时间内天空呈现微光的现象。日出前的微光称为晨光,日没后的微光称为昏影。依据太阳的不同高度,晨光昏影可分为以下三种:

① 民用晨光昏影:太阳中心在东边或西边地平线下 6°时,为民用晨光始和民用昏影终。从民用晨光始到日出和从日没到民用昏影终的两段时间,称为民用晨光昏影。

② 航海晨光昏影:太阳中心在东边或西边地平线下 12°时,为航海晨光始和航海昏影终。从航海晨光始到民用晨光始和从民用昏影终到航海昏影终的两段时

间,称为航海晨光昏影。

③ 天文晨光昏影:太阳中心在东边或西边地平线下 18°时,为天文晨光始和天文昏影终。

(三) 同时显示号灯和号型的时间

(1) 任何能见度情况下晨光昏影期间,应同时显示号灯和号型。

(2) 能见度不良情况下,从日出到日没,应同时显示号灯和号型。

(3) 能见度良好情况下,从日出到日没,在认为有必要时,可同时显示号灯和号型。

(四) 不应显示的灯光

从日没到日出期间,除必须显示号灯外,只可显示满足下列三个条件的灯光:

(1) 不会被误认为本规则条款规定的号灯的灯光。

(2) 不会削弱号灯的能见距离或显著特性的灯光。

(3) 不会妨碍正规瞭望的灯光。

二、习题

1. 白天在能见度不良的水域中航行时________。

A. 应打开航行灯

B. 可视需要开启航行灯

C. A 和 B 都对

D. A 和 B 都不对

2. 白天在能见度不良的水域中航行时,船舶应________。

A. 只显示规定的号型

B. 只显示规定的号灯

C. 显示规定的号型,也可显示规定的号灯

D. 显示规定的号灯和号型

3. 同时显示号灯、号型的时机是:Ⅰ晨昏朦影期间;Ⅱ白天能见度不良时;Ⅲ夜间能见度不良时。

A. Ⅰ对

B. Ⅱ对

C. Ⅲ对

D. Ⅰ和Ⅱ都对

4.《规则》规定,应在何时显示号型?

A. 从日没到日出

B. 从日出到日没

C. A 和 B 都对

D. A和B都不对

三、习题答案

1. A;2. D;3. D;4. D。

第二十一条 定　　义

1. “桅灯”是指安置在船的首尾中心线上方的白灯,在225°的水平弧内显示不间断的灯光,其装置要使灯光从船的正前方到每一舷正横后22.5°内显示。

2. “舷灯”是指右舷的绿灯和左舷的红灯,各在112.5°的水平弧内显示不间断的灯光,其装置要使灯光从船的正前方到各自一舷的正横后22.5°内分别显示。长度小于20m的船舶,其舷灯可以合并成一盏,装设于船的首尾中心线上。

3. “尾灯”是指安置在尽可能接近船尾的白灯,在135°的水平弧内显示不间断的灯光,其装置要使灯光从船的正后方到每一舷67.5°内显示。

4. “拖带灯”是指具有与本条第3款所述“尾灯”相同特性的黄灯。

5. “环照灯”是指在360°的水平弧内显示不间断灯光的号灯。

6. “闪光灯”是指每隔一定时间以频率为每分钟闪120次或120次以上的号灯。

一、《规则》条文与知识点解读

(一) 桅灯

(1) 桅灯是不间断的白灯。

(2) 桅灯并不一定装在桅顶,只要装在首尾中心线,高于并离开其他一切灯光和遮蔽物的位置上即可。

(3) 桅灯不仅其水平光弧为225°,而且要从船的正前方到每一舷正横后22.5°水平范围内显示。

(二) 舷灯

(1) 舷灯应不间断显示,包括右舷的绿灯和左舷的红灯。

(2) 舷灯的水平光弧为112.5°,并且要从船的正前方到各自一舷正横后22.5°水平范围内显示。左右舷灯水平光弧之和等于桅灯的水平光弧。

(3) 长度小于20m的船舶,其舷灯可以合并成一盏(两色合座灯),装设于船的首尾中心线上。

(4) 长度小于12m的机动船,当其桅灯或环照白灯离开首尾中心线显示时,其舷灯应合并成一盏(两色合座灯),并装设于船的首尾中心线上,或尽可能装设在桅灯或环照白灯所在的首尾线的附近。

(5) 长度小于20m的帆船,舷灯和尾灯可以合并成一盏(三色合座灯),装设在桅顶或接近桅顶的最易见处。

(三) 尾灯和拖带灯

(1) 尾灯是不间断的白灯,拖带灯是不间断的黄灯。

(2) 尾灯和拖带灯的水平光弧都是 135°,并且都是从船的正后方到每一舷正横后 22.5°之后的 67.5°水平范围内显示。

(3) 尾灯应尽可能装设在接近船尾,拖带灯应装设在尾灯的上方。

(四) 闪光灯

(1) 闪光灯的频率为每分钟闪 120 次或 120 次以上。

(2) 要注意闪光灯与下列灯光的区别:

① 第三十六条(招引注意的信号)中提到的间歇灯和旋转灯。

② 附录二(在相互邻近处捕鱼的渔船额外信号)中提到的从事围网捕鱼作业的船舶所使用的黄色频闪灯。

③ 灯浮和其他助航标志的闪光灯。

上述灯光的闪光频率通常为每分钟不超过 60 次。

(五) 看到他船号灯判断其航向范围

需说明的是,下述求解他船的航向范围是以本条规定的号灯水平光弧范围为依据的,但在具体判断时,还应注意本规则附录一中对桅灯、舷灯和尾灯水平光弧向后延伸的规定,即在正横后 22.5°处,桅灯和舷灯可向后延伸 5°,尾灯可向前延伸 5°;在正前方,舷灯可向另一舷延伸 3°。详见附录一。因此,当看到他船相应号灯时,他船的实际航向范围会比下述计算值大些。

1. 看到他船尾灯时

由于尾灯的水平光弧是 135°,并且是从每一舷正横后 22.5°到正后方显示,因此,只有当本船位于他船每一舷正横后 22.5°之后的 67.5°范围内,本船才可看到他船的尾灯。

如图 3-1 所示,设本船测得他船的方位为 TB。当本船正好位于他船左舷正横后 22.5°时,则他船的航向为 C_{T1} = TB-67.5°;当本船正好位于他船右舷正横后 22.5°时,则他船的航向为 C_{T2} = TB+67.5°,由此可知,本船看到他船尾灯时,他船的航向范围是 C_{T1} 到 C_{T2} 所包含的 135°,即(TB-67.5°) ~ (TB+67.5°)。

2. 看到他船桅灯时

桅灯是从船的正前方到每一舷正横后 22.5°水平范围内显示。因此,只有本船位于他船左舷或右舷正横后 22.5°之前,才可看到他船的桅灯,即本船在他船 112.5°舷角范围内。

根据桅灯和尾灯的定义可知,当可看到他船的尾灯时,则看不到其桅灯,相反,当看不到他船的尾灯时,则可看到其桅灯。因此,本船看到他船桅灯时,他船的航向应是除可看到其尾灯的其他所有航向,如图 3-2 所示,由图中 C_{T2} 到 C_{T1} 所包含

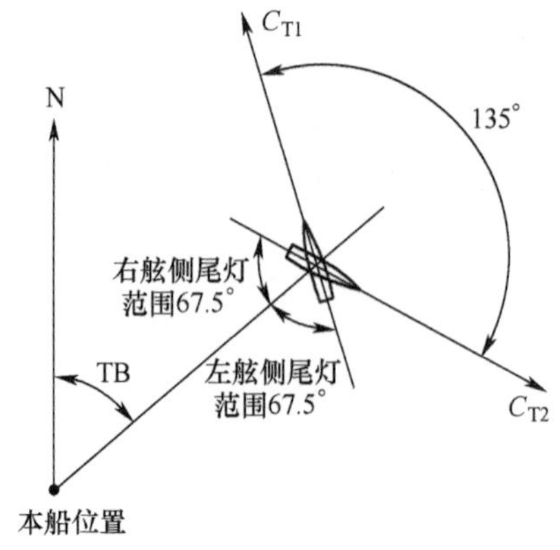

图 3-1　看到他船尾灯时他船的航向范围

的 225°航向范围，就是他船的航向范围。由上述已知：C_{T2} = TB+67.5°，而 C_{T1} = TB -67.5°，因此，他船的航向范围是(TB+67.5°)～(TB-67.5°)。

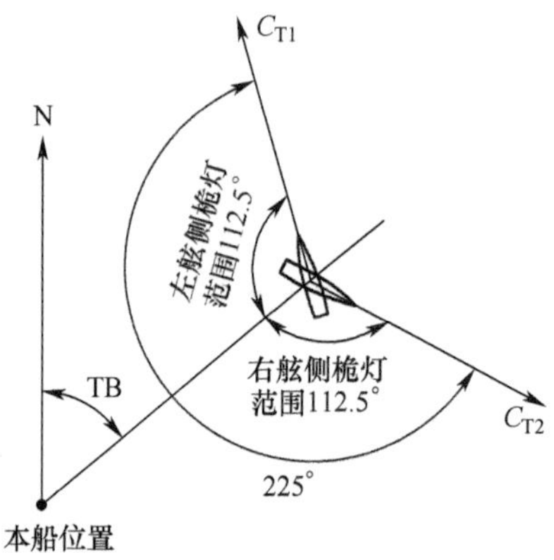

图 3-2　看到他船桅灯时他船的航向范围

3. 看到他船红色或绿色舷灯时

1）看到红色舷灯

红色舷灯是从船的正前方到左舷正横后 22.5°水平范围内显示。如图 3-3 中(a)所示，当本船正好在他船的正前方，则他船的航向为 C_{T0} = TB+180°；当本船正好在他船左正横后 22.5°的相对方位线时，他船的航向为 C_{T1} = TB-67.5°，因此，当本船看到他船红色舷灯时，他船的航向范围是 C_{T0} 到 C_{T1} 所包含的 112.5°航向范围，即(TB+180°)～(TB-67.5°)。

2）看到绿色舷灯

绿色舷灯是从船的正前方到右舷正横后 22.5°水平范围内显示。如图 3-3

(b)所示，由上述的推理不难理解，当本船看到他船绿色舷灯时，他船的航向范围是 C_{T2} 到 C_{T0} 所包含的 112. 5°航向范围，即(TB+67. 5°)~(TB+180°)。

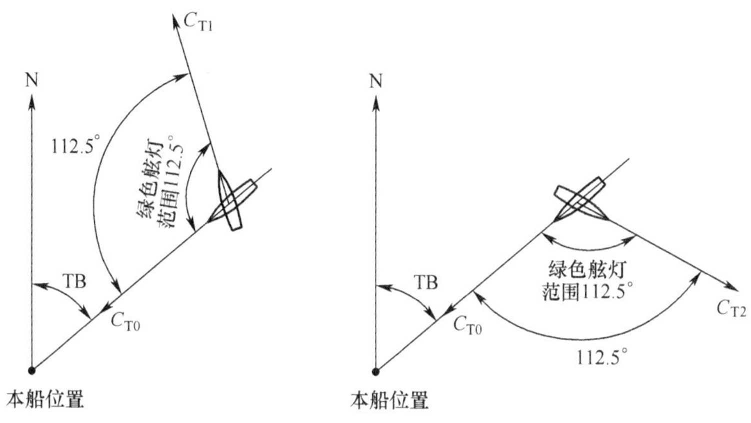

图 3-3 看到他船红色或绿色舷灯时他船的航向范围

二、习题

1. 桅灯的水平显示范围是________。
A. 360°
B. 正前方到每一舷正横前 22. 5°
C. 正横前
D. 正前方到每一舷正横后 22. 5°
2. 左、右舷灯水平光弧之和等于________。
A. 尾灯的水平光弧
B. 桅灯的水平光弧
C. 360°
D. 112. 5°
3. 除灯色外，与拖带灯的特性相同的是________。
A. 桅灯
B. 舷灯
C. 锚灯
D. 尾灯
4. 拖带灯是指________。
A. 尽可能接近船尾的红灯
B. 尽可能接近船尾的黄灯

C. 垂直两盏桅灯

D. 垂直两盏红色环照灯

5. 拖带灯的水平显示范围是________。

A. 360°

B. 正前方到每一舷 112.5°

C. 正横后

D. 正后方到每一舷 67.5°

6. 闪光灯是指每隔一定时间以频率为每分钟闪________的闪光号灯。

A. 120 次或 120 次以上

B. 110 次或 110 次以上

C. 100 次或 100 次以上

D. 80 次或 80 次以上

三、习题答案

1. D;2. B;3. D;4. B;5. D;6. A。

第二十二条　号灯的能见距离

本规则条款规定的号灯,应具有本规则附录一第 8 款规定的发光强度,以便在下列最小距离上能被看到:

1. 长度为 50m 或 50m 以上的船舶。

(1) 桅灯,6n mile;

(2) 舷灯,3n mile;

(3) 尾灯,3n mile;

(4) 拖带灯,3n mile;

(5) 白、红、绿或黄色环照灯,3n mile。

2. 长度为 12m 或 12m 以上但小于 50m 的船舶。

(1) 桅灯,5n mile,但长度小于 20m 的船舶,3n mile;

(2) 舷灯,2n mile;

(3) 尾灯,2n mile;

(4) 拖带灯,2n mile;

(5) 白、红、绿或黄色环照灯,2n mile。

3. 长度小于 12m 的船舶。

(1) 桅灯,2n mile;

(2) 舷灯,1n mile;

(3) 尾灯,2n mile;

(4) 拖带灯,2n mile;

(5) 白、红、绿或黄色环照灯,2n mile。

4. 不易察觉的、部分淹没的被拖船舶或物体。

(1) 白色环照灯,3n mile。

一、《规则》条文与知识点解读

(一) 能见距离的含义

号灯的能见距离是《规则》附录一第 8 款规定的发光强度下的最小能见距离,即在约 13n mile 的大气能见度的黑夜用正常目力所能看到的最小能见距离。

(二)各种号灯的能见距离

(1) $L \geq 50$m 的船舶:桅灯能见距离最小为 6n mile,其余号灯最小为3n mile。

(2) 20m $\leq L <$ 50m 的船舶:桅灯能见距离最小为 5n mile,其余号灯最小为2n mile。

(3) 12m $\leq L <$ 20m 的船舶:桅灯能见距离最小为 3n mile,其余号灯最小为2n mile。

(4) $L <$12m 的船舶:舷灯能见距离最小为 1n mile,其余号灯最小为 2n mile。

(5) 不易察觉的、部分淹没的被拖船舶或物体上显示的白色环照灯的能见距离最小为 3n mile。

由上述可见,桅灯的最小能见距离为 2n mile,舷灯的最小能见距离为 1n mile,尾灯的最小能见距离为 2n mile,拖带灯的最小能见距离为 2n mile,其他各色环照灯最小能见距离为 2n mile。

二、习题

1. 长度为 50m 或 50m 以上的船舶,其尾灯的能见距离为________。

A. 6n mile

B. 5n mile

C. 3n mile

D. 2n mile

2. 长度为 12m 及以上但小于 50m 的船舶舷灯的最小能见距离为________。

A. 1n mile

B. 2n mile

C. 3n mile

D. 4n mile

3. 长度为 12m 及以上但小于 50m 的船舶拖带灯的最小能见距离为________。

A. 1n mile

B. 2n mile

C. 3n mile

D. 4n mile

4. 长度超过 12m 但小于 50m 的船舶应显示的号灯中,下列哪个最小能见距离是不正确的?

A. 桅灯 5n mile

B. 舷灯 2n mile

C. 尾灯 2n mile

D. 拖带灯 2n mile

5. 长度小于 12m 的船舶桅灯的最小能见距离为________。

A. 1n mile

B. 2n mile

C. 3n mile

D. 4n mile

6. 长度小于 12m 的船舶各色环照灯的最小能见距离为________。

A. 6n mile

B. 5n mile

C. 2n mile

D. 1n mile

7. 下列哪种长度船舶的舷灯、尾灯、拖带灯及环照灯的能见距离不相同?

A. 长度小于 12m

B. 长度为 12m 以上但小于 50m

C. 长度为 50m 及 50m 以上

D. 以上长度的船舶都不是

8. 能见度良好的夜间,你看到他船桅灯之后,认为他是一艘大船,又初次看到他船的舷灯,可说明你船与他船的最小距离为________。

A. 小于 1n mile

B. 1n mile

C. 2n mile

D. 3n mile

三、习题答案

1. C;2. B;3. B;4. A;5. B;6. C;7. A;8. D。

第二十三条　在航机动船

1. 在航机动船应显示：

(1) 在前部一盏桅灯。

(2) 第二盏桅灯，后于并高于前桅灯；长度小于 50m 的船舶，不强制要求显示该桅灯，但可以这样做。

(3) 两盏舷灯。

(4) 一盏尾灯。

2. 气垫船在非排水状态下航行时，除本条第 1 款规定的号灯外，还应显示一盏环照黄色闪光灯。

3. 除本条第 1 款规定的号灯外，地效翼船只有在贴近水面起飞、降落和飞行时才应显示一盏高强度的环照红色闪光灯。

4. (1) 长度小于 12m 的机动船，可以显示一盏环照白灯和舷灯以代替本条第 1 款规定的号灯。

(2) 长度小于 7m 且其最高速度不超过 7kn 的机动船，可以显示一盏环照白灯以代替本条第 1 款规定的号灯。如可行，也应显示舷灯。

(3) 长度小于 12m 的机动船的桅灯或环照白灯，如果不可能装设在船的首尾中心线上，可以离开中心线显示，条件是其舷灯合并成一盏并应装设在船的首尾中心线上，或尽可能地装设在桅灯或环照白灯所在的首尾线的附近。

一、《规则》条文与知识点解读

(一) 机动船

(1) 本条所指“在航机动船”不包括用机器推进的下列船舶：失去控制的船舶、操纵能力受到限制的船舶、从事捕鱼的船舶、从事拖带作业的船舶和执行引航任务的船舶等。

(2) 限于吃水的船舶适用本条的规定，但其在显示机动船号灯的同时，还可以显示垂直三盏环照红灯或者一个圆柱体。

(3) 机帆并用的船舶适用本条的规定，但在白天时必须显示一个尖端向下的圆锥体号型。

(4) 任何长度的在航机动船（对水移动和不对水移动），都可以显示两盏桅灯，但 $L \geqslant 50m$ 的机动船必须显示两盏桅灯。

(5) 各种长度在航机动船号灯：

① $L \geqslant 50m$：应显示前桅灯、后桅灯、舷灯和尾灯。

② $12m \leqslant L < 50m$：应显示前桅灯、舷灯和尾灯。

③ $L < 12m$：应显示前桅灯、舷灯和尾灯，也可显示一盏环照白灯和舷灯。当桅

灯或环照白灯不是装设在首尾中心线上时,舷灯应合并成一盏(两色合座灯)。

④ $L<7m$ 且航速 $\leqslant 7kn$:应显示前桅灯、舷灯和尾灯,也可只显示一盏环照白灯。

(6) 当机动船锚泊时,应按《规则》第三十条的规定显示锚泊船的号灯和号型。

(二) 气垫船

(1) 气垫船在排水状态下航行时,应显示前桅灯、舷灯和尾灯。当 $L\geqslant 50m$,还应显示后桅灯。

(2) 气垫船在非排水状态下,应显示前桅灯、舷灯和尾灯,还必须再显示一盏环照黄色闪光灯。当 $L\geqslant 50m$,还应显示后桅灯。

(三) 地效翼船

(1) 地效翼船在排水状态下航行时,应显示前桅灯、舷灯和尾灯。当 $L\geqslant 50m$ 时,还应显示后桅灯。

(2) 地效翼船在贴近水面起飞、降落和飞行时,应显示前桅灯、舷灯和尾灯,还必须再显示一盏环照红色闪光灯。当 $L\geqslant 50m$,还应显示后桅灯。

二、习题

1. 在航机动船应显示________。

A. 桅灯、舷灯和尾灯

B. 仅在对水移动时显示舷灯和尾灯

C. 当停车后不显示桅灯

D. 完全不必显示后桅灯

2. 军舰在航行中可以________。

A. 显示机动船以外的号灯

B. 关闭航行灯

C. A 和 B 都对

D. A 和 B 都不对

3. 显示图 3-4 所示号型的是________。

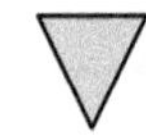

图 3-4 习题 3 图

A. 机动船

B. 非拖网船外伸渔具大于 50m

C. 机帆船

D. 帆船

4. 在海上,看到他船垂直悬挂两盏白灯,可能是________。

A. 机动船前后桅灯

B. 机动船当拖带时

C. 机动船当顶推或旁拖时

D. 以上都对

5. 看到他船显示一盏黄色闪光灯,应是________。

A. 潜艇

B. 相互邻近的围网作业船

C. A 和 B 都对

D. A 和 B 都不对

6. 气垫船在非排水状态下航行,应显示________。

A. 舷灯、尾灯

B. 桅灯、舷灯、尾灯

C. 舷灯、尾灯、黄色闪光灯

D. 桅灯、舷灯、尾灯、黄色闪光灯

7. 按规定应显示一盏黄色闪光灯的船舶是________。

A. 机动船拖带时

B. 气垫船在非排水状态下航行时

C. 从事围网捕鱼的船行动被其渔具妨碍时

D. A、B 和 C 均是

8. 你船在夜间航行时看到一盏黄色闪光灯,他船是________。

A. 气垫船

B. 围网渔船

C. A 和 B 都对

D. A 和 B 都不对

9. 长度小于________的机动船在航时,可以显示一盏环照白灯以代替桅灯和尾灯?

A. 7m

B. 12m

C. 20m

D. 25m

10. 长度小于________且其最高航速不超过 7kn 的机动船,可以显示一盏环照白灯以代替桅灯、舷灯和尾灯?

A. 7m

B. 12m

C. 20m

D. 25m

11. 长度为 50m 或 50m 以上的在航机动船夜间应显示________。

A. 两盏桅灯、两盏舷灯和一盏尾灯

B. 一盏桅灯、两盏舷灯和一盏尾灯

C. 两盏舷灯和一盏尾灯

D. 以上都可以

12. 夜间你驾驶的机动船,在左舷 3n mile 处看到图 3-5 所示一组号灯,则下列哪项正确?

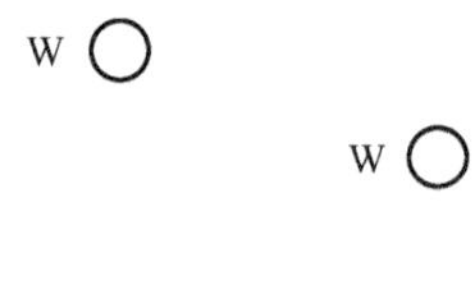

图 3-5　习题 12 图

A. 他船是一艘机动船,你船是直航船

B. 他船是一艘拖带船,你船是让路船

C. 他船是一艘拖带船,你船是直航船

D. 他船是一艘机动船,你船是让路船

三、习题答案

1. A;2. D;3. A;4. D;5. D;6. D;7. B;8. A;9. B;10. A;11. A;12. A。

第二十四条　拖带和顶推

1. 机动船当拖带时应显示:

(1) 垂直两盏桅灯,以取代第二十三条第 1 款第(1)项或第 1 款第(2)项规定的号灯。当从拖船船尾至被拖物体后端的拖带长度超过 200m 时,垂直显示三盏这样的号灯。

(2) 两盏舷灯。

(3) 一盏尾灯。

(4) 一盏拖带灯位于尾灯的上方。

(5) 当拖带长度超过 200m 时,在最易见处显示一个菱形体号型。

2. 当一顶推船和一被顶推船牢固地连接成为一组合体时，则应作为一艘机动船，显示第二十三条规定的号灯。

3. 机动船当顶推或旁拖时，除组合体外，应显示：

(1) 垂直两盏桅灯，以取代第二十三条第 1 款第(1)项或第 1 款第(2)项规定的号灯；

(2) 两盏舷灯；

(3) 一盏尾灯。

4. 适用本条第 1 或第 3 款的机动船，还应遵守第二十三条第 1 款第(2)项的规定。

5. 除本条第 7 款所述者外，一艘被拖船或被拖物体应显示：

(1) 两盏舷灯；

(2) 一盏尾灯；

(3) 当拖带长度超过 200m 时，在最易见处显示一个菱形体号型。

6. 任何数目的船舶如作为一组被旁拖或顶推时，应作为一艘船来显示号灯。

(1) 一艘被顶推船，但不是组合体的组成部分，应在前端显示两盏舷灯；

(2) 一艘被旁拖的船应显示一盏尾灯，并在前端显示两盏舷灯。

7. 一艘不易觉察的、部分淹没的被拖船或物体或者这类船舶或物体的组合体应显示：

(1) 除弹性拖曳体不需要在前端或接近前端处显示灯光外，如宽度小于 25m，在前后两端或接近前后两端处各显示一盏环照白灯；

(2) 如宽度为 25m 或 25m 以上时，在两侧最宽处或接近最宽处，另加两盏环照白灯；

(3) 如长度超过 100m，在第(1)项和第(2)项规定的号灯之间，另加若干环照白灯，使得这些灯之间的距离不超过 100m；

(4) 在最后一艘被拖船舶或物体的末端或接近末端处，显示一个菱形体号型，如果拖带长度超过 200m，在尽可能前部的最易见处另加一个菱形体号型。

8. 凡由于任何充分理由，被拖船舶或物体不可能显示本条第 5 款或第 7 款规定的号灯或号型时，应采取一切可能的措施使被拖船舶或物体上有灯光，或至少能表明这种船舶或物体的存在。

9. 凡由于任何充分理由，使得一艘通常不从事拖带作业的船不可能按本条第 1 款或第 3 款的规定显示号灯，这种船舶在从事拖带另一艘遇险或需要救助的船时，就不要求显示这些号灯。但应采取如第三十六条所准许的一切可能措施来表明拖带船与被拖带船之间关系的性质，尤其应将拖缆照亮。

一、《规则》条文与知识点解读

（一）尾拖

1. 拖船

机动船从事拖带作业时，显示的号灯号型与机动船相类似，但有所不同，具体如下：

（1）当拖带长度<200m 时，应显示垂直两盏桅灯、舷灯、尾灯和一盏拖带灯；当拖带长度>200m 时，应将垂直两盏桅灯改为垂直三盏桅灯。

拖带长度是指从拖船的船尾到被拖物体后端的水平距离。

（2）与机动船一样，当拖船的船长≥50m 时，还应显示后桅灯。

（3）当拖带长度>200m 时，白天应在最易见处显示一个菱形体号型。

（4）当拖带作业使拖船和被拖物体双方驶离航向的能力受到严重限制，拖船除显示上述号灯或号型外，还应按第二十七条第 2 款规定，在最易见处显示垂直红、白、红三盏环照灯和垂直球体、菱形体、球体三个号型。

（5）当拖船锚泊时，不应再显示上述号灯和号型，而应按第三十条的规定显示锚泊船的号灯和号型。

2. 被拖船和被拖物体

（1）除不易觉察、部分淹没外的被拖船或被拖物体：与拖船的区别是不要求显示桅灯和拖带灯，即只应显示舷灯和尾灯，当拖带长度>200m 时，白天应在最易见处显示一个菱形体号型。

（2）不易觉察、部分淹没的被拖船或被拖物体：不用显示舷灯和尾灯，只按下述要求显示环照白灯和号型：

① 当被拖船或被拖物体的宽度<25m 时，应在前后两端各显示一盏环照白灯（如为弹性拖曳体，前端不需要显示）；当宽度≥25m 时，应在两侧最宽处另加两盏环照灯。

② 当被拖船或被拖物体的长度>100m 时，在上述前后环照白灯之间另加若干环照白灯，使各灯间距不超过 100m。

③ 白天时，应在最后一艘被拖船舶（物体）的末端显示一个菱形体号型；当拖带长度>200m 时，应在尽可能前部的最易见处另加一个菱形体号型。

（3）与对拖船的要求一样，当被拖船、被拖物体锚泊时，也不应再显示上述号灯和号型，而应显示锚泊船的号灯和号型。如果被拖船（物体）为不易觉察、部分淹没，则显示与在航时一样的号灯和号型即可，如果被拖船（物体）不能按规定显示，则应有灯光或能表明其存在。

（二）顶推和旁拖

（1）顶推船和旁拖船一样，都应显示垂直两盏桅灯、舷灯和尾灯。当顶推船的船长≥50m 时,应显示后桅灯。

(2) 被顶推船应显示两盏舷灯,而被旁拖船应显示两盏舷灯和尾灯。

(3) 当多艘船作为一组被顶推或被旁拖时,应作为一艘被顶推船或被旁拖船看待。

(4) 顶推和旁拖作业时,不要求显示号型。

(5) 当顶推船与被顶推船、旁拖船与被旁拖船为牢固组合体,应作为一艘机动船看待,只应显示机动船的号灯。

(6) 当顶推船和被顶推船、旁拖船和被旁拖船锚泊时,都不应再显示上述号灯和号型,而应显示锚泊船的号灯和号型。

二、习题

1. 当你船与一艘长度大于 50m 的拖带船处于对遇局面时,如其拖带长度大于 200m,你会看见他船有________盏垂直白灯:

A. 2

B. 3

C. 4

D. 5

2. 图 3-6 所示的一组号灯是________。

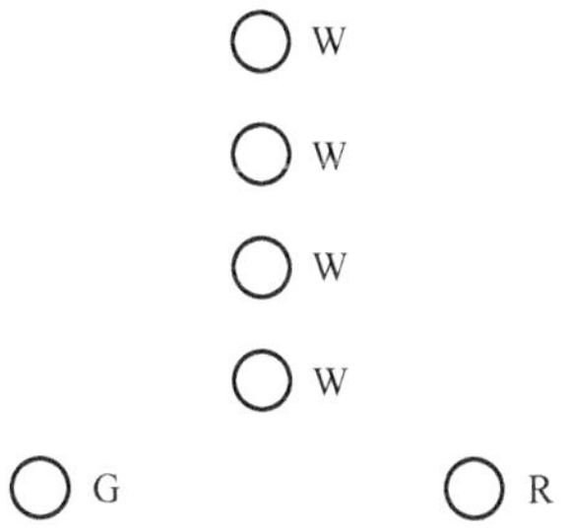

W
W
W
W
G R

图 3-6 习 题 2 图

A. 偏离所驶航向的能力严重地受到限制的拖带船

B. 长度小于 50m 且拖带长度大于 200m 的拖船

C. 长度大于 200m 的始于吃水的船舶

D. 长度大于 50m 且拖带长度大于 200m 的拖船

3. 本规则对下列哪种船舶有显示桅灯的规定?

A. 从事拖网作业的捕鱼船

B. 从事非拖网作业的捕鱼船

C. 失去控制的船舶

D. 执行引航任务的在航机动船

4. 当机动船拖带时,如拖带长度超过 200m,应显示________。

A. 在后桅或前桅上另增设三盏桅灯

B. 在后桅或前桅上另增设两盏桅灯

C. 以三盏桅灯取代后桅灯或前桅灯

D. 仅能以三盏桅灯取代后桅灯而不得取代前桅灯

5. 图 3-7 所示的一组号灯应是________。

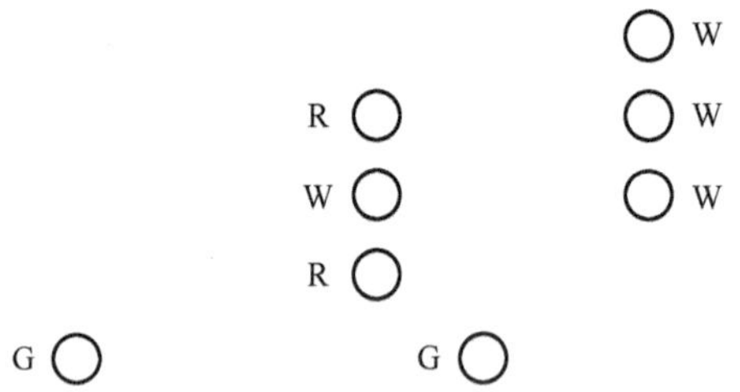

图 3-7　习题 5 图

A. 限于吃水的操纵能力受到限制的船舶

B. $L \geqslant 50$m,拖带长度$\leqslant$200m 的拖带船队

C. $L<50$m,拖带长度>200m 的拖带船队

D. $L \geqslant 50$m 的旁拖船队

6. 夜间你船看到图 3-8 所示的号灯,它是________。

图 3-8　习题 6 图

A. 从事拖网作业的船舶

B. 机动船在拖带时

C. 引航船舶在执行任务

D. 从事捕鱼的船舶

7. 图 3-9 所示的一组号灯应是________。

A. 从事顶推作业的船队

B. 从事旁拖作业的船队,拖船 $L \geqslant 50$m

C. 对拖作业的船队

D. 从事围网作业的船队

8. 图 3-10 所示的一组号灯应是________。

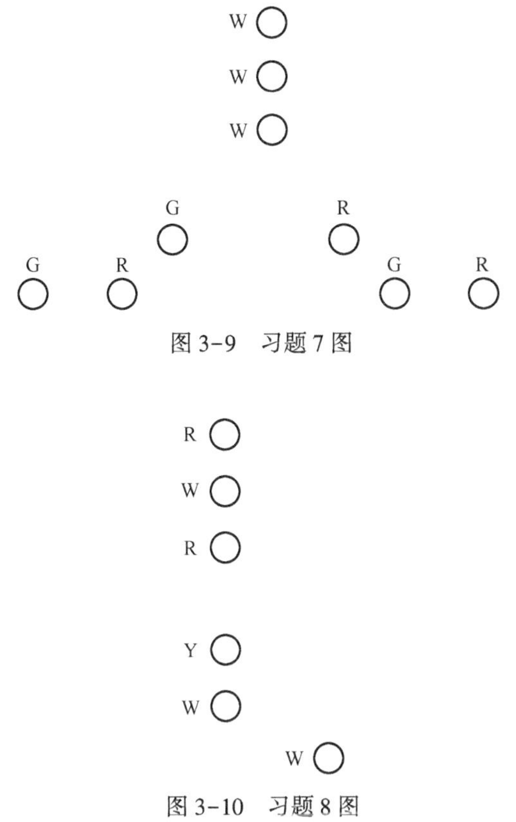

图 3-9　习题 7 图

图 3-10　习题 8 图

A. 正在收放航空器的船舶
B. 拖带船队
C. 从事疏浚作业的挖泥船
D. 围网渔船
9. 当拖带长度超过 200m 时，白天在最易见处显示 1 个________号型。
A. 圆柱体
B. 圆锥体
C. 菱形体
D. 黑球
10. 白天你船看见一艘悬挂菱形体号型的船舶，它是________。
A. 限于吃水的船舶
B. 操纵能力受到限制的船舶
C. 拖带长度大于 200m 的拖船
D. 捕鱼作业船

11. 一船悬挂一个菱形体号型,应是________。
A. 拖带长度>200m 的拖船
B. 一船正在从事捕鱼作业
C. 水下有潜水员
D. 拖带长度≤200m 的被拖船
12. 机动船在海上从事拖带作业,在白天应悬挂________。
A. 当拖带长度≥200m 时,悬挂一个菱形体
B. 当拖带长度>200m 时,悬挂一个菱形体
C. 当拖带长度<200m 时,悬挂一个菱形体
D. 不管拖带长度是多少,总是悬挂一个菱形体
13. 机动船拖带作业时,其拖带长度是指________。
A. 拖船船尾至被拖物体后端的水平距离
B. 拖船船尾水线处至被拖物体后端水线处的水平距离
C. 拖船船首至被拖物体前端的水平距离
D. 拖船船首至被拖物体后端的水平距离
14. 夜间你船看到图 3-11 所示的号灯,它是________。

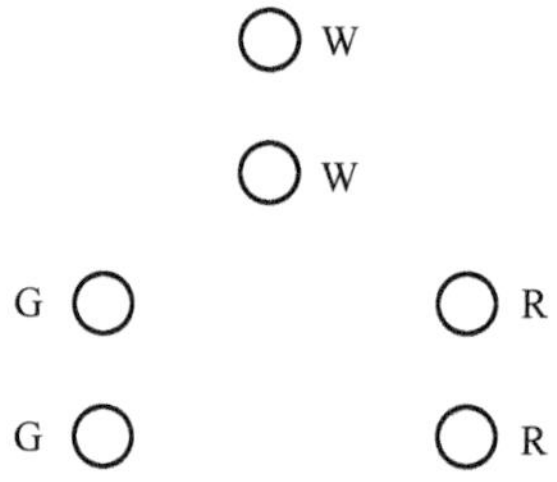

W
W
G R
G R

图 3-11　习题 14 图

A. 机动船在拖带时
B. 从事疏浚的船
C. 从事清除水雷作业的船
D. 机动船在顶推时
15. 被顶推船在航时应显示________。
A. 桅灯和尾灯
B. 一盏白色环照灯
C. 左右舷灯
D. A 和 B 都对
16. 被顶推船在航时应显示________。
A. 左右舷灯

B. 一盏白色环照灯

C. 舷灯和尾灯

D. 以上都不对

17. 被旁拖船在航时应显示________。

A. 左右舷灯

B. 一盏白色环照灯

C. 舷灯和尾灯

D. 尾灯

18. 任何数目的被旁拖船应作为一艘船看待,是指________。

A. 包括拖船本身在内的一组船队

B. 所有被拖带的船舶

C. 以拖船两舷作为分组的依据

D. 以上三项都不对

19. 不易察觉的、部分淹没的被拖船舶显示的白色环照灯的最小能见距离为________。

A. 1n mile

B. 2n mile

C. 3n mile

D. 4n mile

20. 一艘不易察觉的、部分淹没的被拖船舶,其宽度为25m以上,如在夜间被拖带,应在两侧最宽处另加________。

A. 两盏环照红灯

B. 两盏环照白灯

C. 两盏环照绿灯

D. 两盏环照黄灯

21. 一艘不易察觉的、部分淹没的被拖物体,其宽度为25m时应显示环照白灯,显示位置及数量是________。

A. 前后两端或接近前后两端处各一盏

B. 两侧最宽处或接近最宽处各一盏

C. 接近前后两端及接近两侧最宽处各一盏

D. 前后两端各一盏,两侧最宽处各两盏

22. 夜间你从拖带长度超过200m的拖船右正横看拖船,你能看到________。

A. 垂直两盏白灯和一盏绿灯

B. 垂直三盏白灯和一盏绿灯

C. 垂直两盏红灯和一盏绿灯

D. 一盏白灯和一盏绿灯

23. 如图 3-12 所示的一组号灯,应说明下列哪种情况? Ⅰ从事拖网作业的船舶在放网,操纵能力受到限制;Ⅱ从事拖带作业的船舶操纵能力受到限制;Ⅲ雾中应鸣放一长声二短声雾号;Ⅳ拖带长度可能超过 200m。

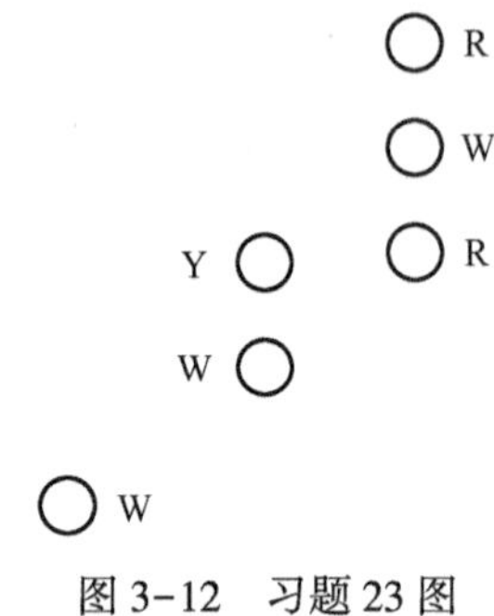

图 3-12　习题 23 图

A. Ⅰ、Ⅱ、Ⅲ

B. Ⅱ、Ⅲ、Ⅳ

C. Ⅰ、Ⅲ、Ⅳ

D. Ⅰ、Ⅲ

24. 夜间,你驾驶的机动船在海上航行,看到图 3-13 所示的一组号灯且与你船构成碰撞危险,则说明:Ⅰ用曳绳钓捕鱼的船舶,船长小于 50m;Ⅱ从事拖网作业的船舶,船长小于 50m;Ⅲ雾中应鸣放的雾号为一长声二短声;Ⅳ你应快速从其船尾通过;Ⅴ你船从其船尾通过,安全距离应在 1n mile 以上。

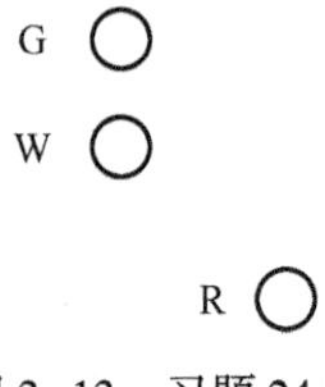

图 3-13　习题 24 图

A. Ⅰ、Ⅲ、Ⅳ对

B. Ⅱ、Ⅲ、Ⅳ对

C. Ⅰ、Ⅲ、Ⅴ对

D. Ⅱ、Ⅴ对

三、习题答案

1. C;2. D;3. A;4. C;5. C;6. B;7. B;8. B;9. C;10. C;11. A;12. B;13. A;14. D;

15. C；16. A；17. C；18. C；19. C；20. B；21. C；22. B；23. B；24. B。

第二十五条　在航帆船和划桨船

1. 在航帆船应显示：

（1）两盏舷灯；

（2）一盏尾灯。

2. 在长度小于 20m 的帆船上，本条第 1 款规定的号灯可以合并成一盏，装设在桅顶或接近桅顶的最易见处。

3. 在航帆船，除本条第 1 款规定的号灯外，还可在桅顶或接近桅顶的最易见处，垂直显示两盏环照灯，上红下绿。但这些环照灯不应和本条第 2 款所允许的复合灯光同时显示。

4.（1）长度小于 7m 的帆船，如可行，应显示本条第 1 款或第 2 款规定的号灯。但如果不这样做，则应在手边备妥白光的电筒一个或点着的白灯一盏，及早显示，以防碰撞。

（2）划桨船可以显示本条为帆船规定的号灯，但如不这样做，则应在手边备妥白光的电筒一个或点着的白灯一盏，及早显示，以防碰撞。

5. 用帆行驶同时也用机器推进的船舶，应在前部最易见处显示一个圆锥体号型，尖端向下。

一、《规则》条文与知识点解读

（一）在航帆船

（1）在航帆船应显示两盏舷灯和尾灯，但不显示桅灯。因此，当只看到来船的一盏红灯或绿灯，则来船一定是帆船。

（2）船长≥20m 的帆船，除应显示两盏舷灯和尾灯外，还可在最易见处显示垂直上红下绿的环照灯。

（3）船长<20m 的帆船，可按上述规定显示；也可将舷灯和尾灯合并成一盏（三色合座灯），在桅顶或接近桅顶的最易见处显示，但此时不得显示垂直上红下绿的环照灯。

（4）船长<7m 的帆船，如可行，应按上述规定显示；如不可行，可以在手边备妥一个白光电筒或只显示一盏白灯，以取代上述号灯。

（二）机帆并用的船舶

机帆并用的船舶属于机动船，应显示机动船的号灯，但与其他机动船的区别是：在白天时必须显示一个尖端向下的圆锥体号型。

（三）划桨船

划桨船可以显示上述帆船的号灯，也可备妥一个白光电筒或显示一盏白灯。

二、习题

1. 显示图 3-14 所示号灯的船是________。

R

图 3-14 习题 1 图

A. 在航帆船

B. 在航中的机帆并用船

C. 搁浅船

D. $L>7\text{m}$ 的机动船

2. 显示图 3-15 所示号灯的船是________。

R

G

R

图 3-15 习题 2 图

A. 正在执行引航任务的船舶

B. 正在用机器推进的机帆船

C. 从事围网作业的捕鱼船

D. $L\geqslant 20\text{m}$ 的在航帆船

3. 在航帆船应显示舷灯、尾灯，还可在桅顶或接近桅顶最易见处垂直显示的两盏环照灯是________。

A. 上白下红

B. 上红下白

C. 上红下绿

D. 上绿下红

4. 长度小于________的在航帆船，两盏舷灯和尾灯可以合并为一盏合色灯？

A. 7m

B. 12m

C. 20m

D. 25m

5. $L \geqslant 20$m 的帆船应显示什么号灯？

A. 合色灯

B. 桅上悬挂上红下绿的环照灯

C. 舷灯的尾灯

D. 一盏桅灯

6. 机帆并用的船舶，应在最易见处显示一个________号型。

A. 圆球体

B. 尖端向上的圆锥体

C. 圆柱体

D. 尖端向下的圆锥体

7. 用帆行驶同时也用机器推进的船舶，应在前部最易见处显示一个________，尖端向下。

A. 三角形号型

B. 圆锥体号型

C. 菱形体号型

D. 以上都可以

三、习题答案

1. A；2. D；3. C；4. C；5. C；6. D；7. B。

第二十六条　渔　　船

1. 从事捕鱼的船舶，不论在航还是锚泊，只应显示本条规定的号灯和号型。

2. 船舶从事拖网作业，即在水中拖曳爬网或其他用作渔具的装置时，应显示：

(1) 垂直两盏环照灯，上绿下白，或一个由上下垂直、尖端对接的两个圆锥体所组成的号型；

(2) 一盏桅灯，后于并高于那盏环照绿灯，长度小于 50m 的船舶，则不要求显示该桅灯，但可以这样做；

(3) 当对水移动时，除本款规定的号灯外，还应显示两盏舷灯和一盏尾灯。

3. 从事捕鱼作业的船舶，除拖网作业者外，应显示：

(1) 垂直两盏环照灯，上红下白，或一个由上下垂直、尖端对接的两个圆锥体所组成的号型；

(2) 当有外伸渔具，其从船边伸出的水平距离大于 150m 时，应朝着渔具的方向显示一盏环照白灯或一个尖端向上的圆锥体号型；

(3) 当对水移动时，除本款规定的号灯外，还应显示两盏舷灯和一盏尾灯。

4. 本规则附录二所述的额外信号，适用于在其他捕鱼船舶邻近处从事捕鱼的船舶。

5. 船舶不从事捕鱼时,不应显示本条规定的号灯或号型,而只应显示为其同样长度的船舶所规定的号灯或号型。

一、《规则》条文与知识点解读

(一) 从事拖网作业船与从事非拖网作业船的共同点

(1) 锚泊时显示的号灯和号型与在航不对水移动时相同,不应显示《规则》第三十条规定的锚泊船号灯和号型。

(2) 白天时,不论在航还是锚泊,都应显示上下垂直、尖端对接的两个圆锥体所组成的号型。

(3) 在航对水移动时,都应显示舷灯和尾灯;而在航不对水移动和锚泊时,不应显示舷灯和尾灯。

(4) 当不在从事捕鱼作业时,不应显示本条规定的号灯和号型。

(5) 当在其他捕鱼船舶邻近处从事捕鱼作业时,应显示《规则》附录二规定的额外信号。

(二) 从事拖网作业船与从事非拖网作业船的区别

(1) 不论在航还是锚泊,从事拖网作业的船舶,应显示垂直上绿下白环照灯;而从事非拖网作业的船舶,应显示垂直上红下白环照灯。

(2) 从事拖网作业船舶,当船长≥50m 时,不论在航还是锚泊,都应显示后桅灯;而从事非拖网作业船舶不要求显示后桅灯。

(3) 不论在航还是锚泊,从事非拖网作业船舶,当外伸渔具的水平距离大于150m 时,应朝着渔具的方向显示一盏环照白灯,白天应朝着渔具的方向悬挂一个尖端向上的圆锥体号型;而从事拖网作业船舶没有这一要求。

二、习题

1. 悬挂尖端向下圆锥体的船舶是________。

A. 从事捕鱼的船舶

B. 机动船

C. 渔具外伸长度超过 150m 的船

D. 挖泥船

2. 你船看到一船显示尖端向下的圆锥体号型,说明该船是________。

A. 机动船

B. 从事捕鱼的船舶

C. A 和 B 都对

D. A 和 B 都不对

3. 你船(机动船)在沿海航行,看到一艘帆船挂有一个尖端向下的圆锥体号型,该船从你船左舷方向驶近,方位不变并致有构成碰撞危险,你船应采取的行动是________。

A. 向右转向并鸣放一短声

B. 向左转向并鸣放二短声

C. 保向保速

D. 减速或停车,让其驶过

4. 你船是机动船,在航行时,从你船左舷 60°方向驶来一艘扬帆且在其前部显示一个尖端向下的圆锥体号型的船,交叉相遇并存在碰撞危险时,你船应________。

A. 保向保速

B. 向右转向

C. 向左转向

D. 减速、停车或倒车把船停住

5. 锚泊中从事捕鱼的船舶,其外伸渔具从船边伸出的水平距离大于 150m 时,应朝渔具伸出方向显示的一个号型是________。

A. 尖端向上的圆锥体

B. 两个尖端对接的圆锥体

C. 尖端向下的圆锥体

D. 球体

6. 夜间,你船看到图 3-16 所示的号灯,它是________。

G ○

W ○

图 3-16 习题 6 图

A. 机动船在拖带时

B. 从事捕鱼的船舶

C. 从事拖网作业的船舶

D. 引航船在执行引航任务

7. 夜间,你船看到图 3-17 所示的号灯,它是________。

R ○

W ○

图 3-17 习题 7 图

A. 机动船在拖带时

B. 从事捕鱼的船舶

C. 从事拖网作业的船舶

D. 引航船在执行引航任务

8. 从事捕鱼的船舶在进行非拖网作业，不对水移动，应显示下列哪种垂直两盏环照灯？

A. 上红下白

B. 上白下红

C. 上红下绿

D. 上绿下红

9. 从事捕鱼作业的非拖网渔船不对水移动时，应显示________。

A. 垂直上白下红环照灯

B. 垂直上红下白环照灯

C. 垂直上白下绿环照灯

D. 垂直上绿下白环照灯

10. 从事拖网作业的渔船应显示________。

A. 一个黑色的圆球体

B. 两个尖端对接的圆锥体

C. 尖端向上的圆锥体

D. 上面信号都不必显示

11. 白天你船看到某船显示上下垂直尖端对接的圆锥体号型，它是________。

A. 搁浅船

B. 遇难船需要求助

C. 长度小于 50m 的锚泊船

D. 长度为 20m 及以上的从事拖网作业船

12. 在海上从事捕鱼作业的船舶，在什么情况下应显示舷灯？

A. 在航时

B. 对水移动时

C. A 和 B 都对

D. A 和 B 都不对

13. 下列哪种说法是正确的？

A. 从事非拖网作业的捕鱼船，当处于在航时，应显示作业信号灯以及舷灯和尾灯

B. 从事非拖网作业的捕鱼船，只有当处于在航对水移动时，才应显示上红下白环照灯、舷灯和尾灯

C. A 和 B 都对

D. A 和 B 都不对

14. 显示图 3-18 所示号灯的船舶是________。

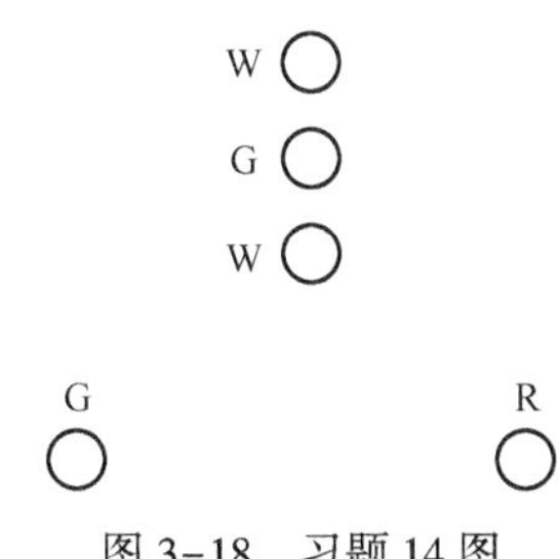

图 3-18　习题 14 图

A. $L \geqslant 50$m 的围网渔船

B. 在航对水移动的拖网渔船

C. 清除水雷作业的船舶

D. 在航不对水移动的流网渔船

15. 当你船在锚泊中使用曳绳钓渔具捕鱼时,应显示________。

A. 前后各一盏白灯

B. 上红下白环照灯

C. 上白下红环照灯

D. 前后锚灯、捕鱼信号灯

16. 你在白天看到某机动船上悬挂有一个菱形体号型,则说明该船是________。

A. 从事拖网作业的渔船

B. 从事非拖网作业的渔船

C. 从事拖带作业的船舶,拖带长度超过 200m

D. 从事拖带作业的船舶,拖带长度小于 200m

三、习题答案

1. B;2. A;3. C;4. A;5. A;6. C;7. B;8. A;9. B;10. B;11. D;12. B;13. B;14. B;15. A;16. C。

第二十七条　失去控制或操纵能力受到限制的船舶

1. 失去控制的船舶应显示:

(1) 在最易见处,垂直两盏环照红灯;

(2) 在最易见处,垂直两个球体或类似的号型;

(3) 当对水移动时,除本款规定的号灯外,还应显示两盏舷灯和一盏尾灯。

2. 操纵能力受到限制的船舶,除从事清除水雷作业的船舶外,应显示:

(1) 在最易见处,垂直三盏环照灯,最上和最下者应是红色,中间一盏应是白色;

(2) 在最易见处,垂直三个号型,最上和最下者应是球体,中间一个应是菱形体;

(3) 当对水移动时,除本款第(1)项规定的号灯外,还应显示桅灯、舷灯和尾灯;

(4) 当锚泊时,除本款第(1)项和第(2)项规定的号灯或号型外,还应显示第三十条规定的号灯或号型。

3. 从事一项使拖船和被拖物体双方在驶离其航向的能力上受到严重限制的拖带作业的机动船,除显示第二十四条第1款规定的号灯或号型外,还应显示本条第2款第(1)项和第(2)项规定的号灯或号型。

4. 从事疏浚或水下作业的船舶,当其操纵能力受到限制时,应显示本条第2款第(1)项、第(2)项和第(3)项规定的号灯和号型。此外,当存在障碍物时,还应显示:

(1) 在障碍物存在的一舷,垂直两盏环照红灯或两个球体;

(2) 在他船可以通过的一舷,垂直两盏环照绿灯或两个菱形体;

(3) 当锚泊时,应显示本款规定的号灯或号型以取代第三十条规定的号灯或号型。

5. 当从事潜水作业的船舶其尺度使之不可能显示本条第4款规定的号灯和号型时,则应显示:

(1) 在最易见处,垂直三盏环照灯。最上和最下者应是红色,中间一盏应是白色。

(2) 一个国际信号旗“A”的硬质复制品,其高度不小于1m,并应采取措施以保证周围都能见到。

6. 从事清除水雷作业的船舶,除第二十三条为机动船规定的号灯或第三十条为锚泊船规定的号灯或号型外,还应显示三盏环照绿灯或三个球体。这些号灯或号型之一应在接近前桅桅顶处显示,其余应在前桅桁两端各显示一个。这些号灯或号型表示他船驶近至清除水雷船1000m以内是危险的。

7. 除从事潜水作业的船舶外,长度小于12m的船舶,不要求显示本条规定的号灯和号型。

8. 本条规定的信号不是船舶遇险求救的信号。船舶遇险求救的信号载于本规则附录四内。

一、《规则》条文与知识点解读

（一）失去控制的船舶

（1）在航时，应在最易见处显示垂直两盏环照红灯；白天应在最易见处显示垂直两个球体号型。

（2）在航对水移动时，除显示上述号灯外，还应显示舷灯和尾灯，但不对水移动时不应显示。

（3）船长<12m 失去控制的船舶，不要求显示上述号灯和号型，但如果不显示，则不享受《规则》第十八条规定的失去控制的船舶的权利。

（4）失去控制的船舶一旦锚泊，就不再属于失去控制的船舶，而是锚泊船，就应按《规则》第三十条规定显示锚泊船的号灯和号型，即按船长显示锚灯和锚球。

（5）失去控制的船舶一旦被拖带，就不再属于失去控制的船舶，应按《规则》第二十四条规定显示号灯和号型。

（二）操纵能力受到限制的船舶

（1）在航（对水移动和不对水移动）和锚泊时，都应在最易见处显示垂直红、白、红三盏环照灯；白天应在最易见处显示垂直球体、菱形体、球体号型。

（2）在航对水移动时，除显示上述号灯外，还应显示前桅灯、后桅灯（船长<50m不要求）、舷灯和尾灯。不对水移动时不应显示。

（3）锚泊时，除显示垂直红、白、红三盏环照灯、白天显示垂直球体、菱形体、球体号型外，还应按《规则》第三十条规定显示锚泊船的号灯和号型，即按船长显示锚灯和锚球。

（4）对于拖带时驶离航向能力受到严重限制的拖船、从事疏浚或水下作业的船舶操纵能力受到限制时、从事潜水作业的船舶，对其有特别规定，具体显示要求见下述介绍。

（5）从事清除水雷作业的船舶，不应按上述规定显示，具体显示要求见下述介绍。

（三）驶离航向能力受到严重限制的拖船

（1）应按《规则》第二十四条规定显示拖船的号灯和号型外，还应在最易见处显示垂直红、白、红三盏环照灯，白天应在最易见处显示垂直球体、菱形体、球体号型。具体应显示如下：

① 垂直两盏桅灯（拖带长度大于 200m 时为垂直三盏）、舷灯、尾灯和一盏拖带灯。

② 当船长 $L \geqslant 50$m 时，还应显示后桅灯。

③ 在最易见处垂直红、白、红三盏环照灯。

④ 白天，在最易见处显示垂直球体、菱形体、球体号型。

⑤ 白天，当拖带长度大于 200m 时，在最易见处显示一个菱形体号型。

(2) 当在拖带中不构成操纵能力受限时，不应显示垂直红、白、红三盏环照灯和垂直球体、菱形体、球体号型，只有困难到驶离航向的能力受到严重限制时才应显示。

(四) 从事疏浚或水下作业的船舶

不论在航还是锚泊，当其操纵能力受到限制时，除应显示操纵能力受到限制的船舶在航时的号灯和号型外，还应在有障碍物一舷显示垂直两盏环照红灯或垂直两个球体号型，在他船可通过一舷显示垂直两盏环照绿灯或垂直两个菱形体号型。具体应显示如下：

1. 在航对水移动时

(1) 在最易见处显示垂直红、白、红三盏环照灯。

(2) 前桅灯、后桅灯(船长<50m 不要求)、舷灯和尾灯。

(3) 有障碍物一舷垂直两盏环照红灯，他船可通过一舷垂直两盏环照绿灯。

(4) 白天，在最易见处显示垂直球体、菱形体、球体号型。

(5)白天，有障碍物一舷垂直两个球体号型，他船可通过一舷垂直两个菱形体号型。

2. 在航不对水移动时

除应关闭前桅灯、后桅灯、舷灯和尾灯外，其他号灯和号型与在航对水移动时相同。

3. 锚泊时

应注意的是，锚泊时显示的号灯和号型与在航不对水移动时完全相同，这也是与上述操纵能力受到限制的船舶的区别，即不显示锚灯和锚球。

(五) 从事潜水作业的船舶

(1) 应按上述从事疏浚或水下作业的船舶显示号灯和号型。

(2) 当其尺度较小，使之不能按上述要求显示时，应显示垂直红、白、红三盏环照灯；白天应悬挂一个国际信号旗“A”的硬质复制品。

(六) 从事清除水雷作业的船舶

(1) 与其他操纵能力受到限制的船舶不同的是，从事清除水雷作业的船舶不显示垂直红、白、红三盏环照灯和垂直球体、菱形体、球体号型。

(2) 应显示呈正三角形分布(“品”字形)的三盏环照绿灯；白天应显示呈正三角形分布(“品”字形)的三个球体号型。

(3) 在航时，还应显示机动船的号灯；锚泊时，还应显示锚泊船的号灯和号型。

(七) 操纵能力受到限制的小船

(1) 船长<12m 的小型船舶，当从事某项作业使其操纵能力受到限制时，除从事潜水作业外，不要求显示上述号灯和号型，但如果不显示，则不享受《规则》第十

八条规定的操纵能力受到限制的船舶的权利。

(2) 从事潜水作业的船舶,即使其船长<12m,也应完全遵守对从事潜水作业的船舶的显示规定。

二、习题

1. 夜间你船看到图 3-19 所示的号灯,它是________。

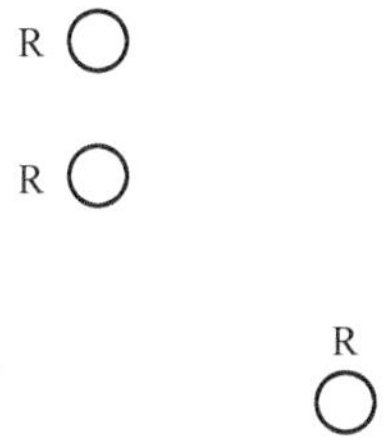

R

R

R

图 3-19 习题 1 图

A. 搁浅船

B. 失去控制的船舶

C. 限于吃水的船舶

D. 水上飞机

2. 显示图 3-20 所示的一组号灯的船舶应是________。

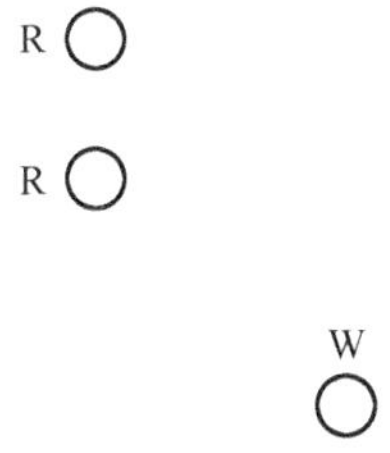

R

R

W

图 3-20 习题 2 图

A. 失去控制的船舶

B. 操纵能力受到限制的船舶

C. 限于吃水的船舶

D. A、B 和 C 都不是

3. 失去控制的船舶应显示________。

A. 垂直两盏环照红灯、桅灯、舷灯、尾灯

B. 垂直两盏环照红灯、舷灯、尾灯

C. 垂直两盏环照红灯

D. 以上都不对

4. 根据失去控制的船舶应显示的号灯号型规定，判断下列显示中正确的是________。

A. 对水移动时，夜间显示垂直两盏环照红灯

B. 对水移动时，白天显示垂直两个黑色球体

C. A 和 B 都对

D. A 和 B 都不对

5. 失去控制的船舶在航对水移动时，除应显示垂直两盏环照红灯外________。

A. 不应再显示其他号灯

B. 应显示舷灯和尾灯

C. A 和 B 都对

D. A 和 B 都不对

6. 夜间你船在海上航行，突然主机发生故障成为失去控制的船舶，由于有余速仍在水上移动，你船应悬挂的号灯是________。

A. 垂直两盏环照红灯、两盏桅灯、尾灯

B. 仅显示垂直两盏环照红灯，其他号灯关闭

C. 垂直两盏环照红灯、舷灯、尾灯

D. 垂直两盏环照红灯、舷灯

7. 你船夜间全速前进时，发现舵叶丢失，应________。

A. 立即关闭舷灯、尾灯

B. 立即关闭桅灯，并显示垂直两盏环照红灯

C. A 和 B 都对

D. A 和 B 都不对

8. 你船夜间全速前进时，突然主机失控，应________。

A. 立即关闭桅灯

B. 立即关闭桅灯，并显示垂直两盏环照红灯

C. 立即显示垂直两盏环照红灯

D. 立即关闭桅灯、舷灯、尾灯，并显示垂直两盏环照红灯

9. 失去控制的船舶在锚泊时应显示什么号型？

A. 垂直两个黑球

B. 仅显示一个锚球

C. 垂直两个黑球和一个锚球

D. 垂直一个黑球和一个锚球

10. 一船因主机故障进行锚泊修理，如 $L=160\text{m}$，在夜间应显示________。

A. 前后锚灯

B. 前后锚灯、甲板工作灯

C. 前后锚灯、垂直两盏环照红灯

D. 前后锚灯、甲板工作灯和垂直两盏环照红灯

11. 一艘失去控制的船舶在航处于被拖带时，应________。

A. 显示垂直两盏环照红灯、桅灯、舷灯和尾灯

B. 显示垂直两盏环照红灯，不对水移动时关闭桅灯、舷灯和尾灯

C. 关闭桅灯，显示舷灯和尾灯

D. 显示其他可能规定的号灯

12. 下述提法正确的是________。

A. 凡属于"操纵能力受到限制的船舶"一类的船舶，在航时均应显示红、白、红环照灯

B. 凡属于"操纵能力受到限制的船舶"一类的船舶，锚泊时均不显示红、白、红环照灯

C. 除清除水雷作业的船舶外，其他所有操纵能力受到限制的船舶在航不对水移动时，均不得显示桅灯、舷灯和尾灯

D. 除清除水雷作业以及拖带作业的船舶外，其他操纵能力受到限制的船舶在航不对水移动时，均不得显示桅灯、舷灯和尾灯

13. 甲机动船夜间航行时，见到其左舷 30°方向驶来一艘拖船，该船除显示航行灯外，还垂直显示红、白、红三盏环照灯，且致有构成碰撞危险。试问谁是让路船？

A. 他船

B. 甲船

C. 两船都是让路船

D. B 和 C 对

14. 白天，你船看见悬挂最上、最下各是一个球体，中间是一个菱形体号型的船舶，该船是________。

A. 限于吃水的船舶

B. 搁浅船

C. 操纵能力受到限制的船舶

D. 失去控制的船舶

15. 夜间，你船看到图 3-21 所示的一组号灯，他船是________。

A. 失去控制的船舶对水移动

B. 操纵能力受到限制的船舶对水移动

C. 执行引航任务的船舶在航

D. 限于吃水的船舶在航

16. 夜间,你船看到图 3-22 所示的一组号灯,他船是________。

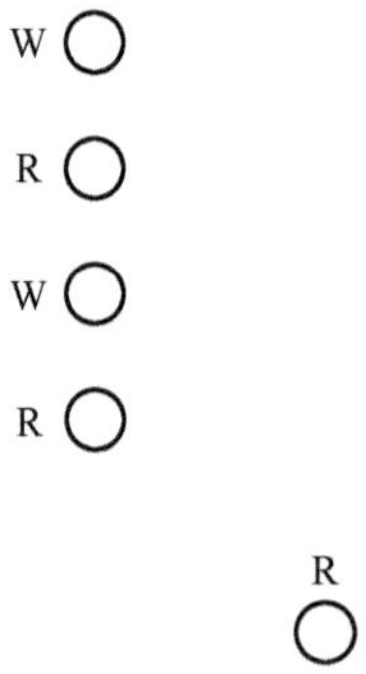

图 3-21　习题 15 图

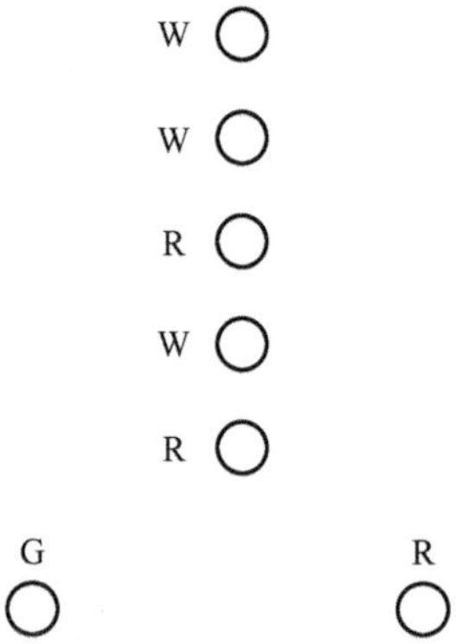

图 3-22　习题 16 图

A. 从事清除水雷作业的船舶
B. 机动船在拖带时
C. 机动船的顶推时
D. 操纵能力受到限制的船舶

17. 夜间,你船看到图 3-23 所示的一组号灯,他船是________。

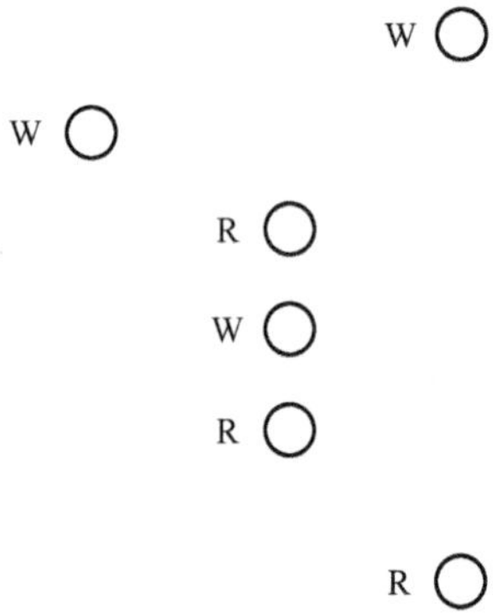

图 3-23　习题 17 图

A. 失去控制的船舶对水移动
B. 操纵能力受到限制的船舶对水移动
C. 执行引航任务的船舶在航
D. 限于吃水的船舶在航

18. 显示图 3-24 所示的一组号灯的船舶是________。
A. 锚泊作业的操纵能力受到限制的船舶

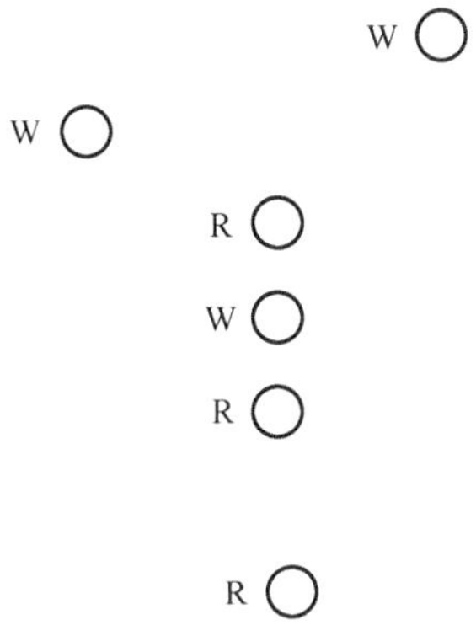

图 3-24　习题 18 图

B. 在航时对水移动的敷设海底电缆船
C. 限于吃水的船舶
D. $L \geqslant 50$m 的拖网渔船
19. 下列船舶中,在航不对水移动时不应显示舷灯和尾灯的是________。
A. 长度大于 7m 的帆船
B. 操纵能力受到限制的船舶
C. 拖带他船的船舶
D. 候潮漂泊的船舶
20. 看到他船显示图 3-25 所示的一组号灯,他船可能是________。

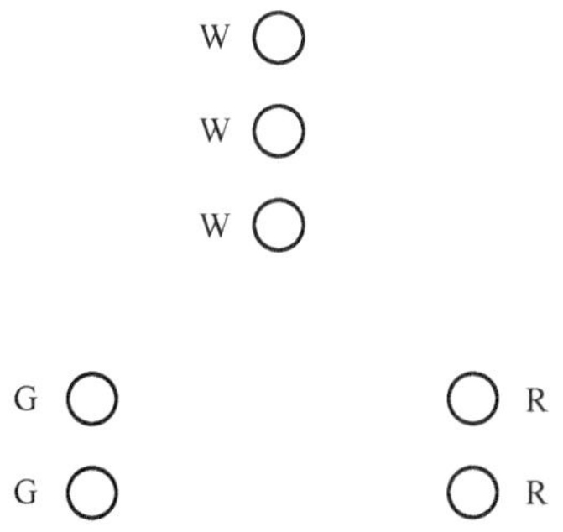

图 3-25　习题 20 图

A. 从事顶推船
B. 从事拖带船
C. A 和 B 都对
D. A 和 B 都不对
21. 图 3-26 所示的一组号灯应当是________。

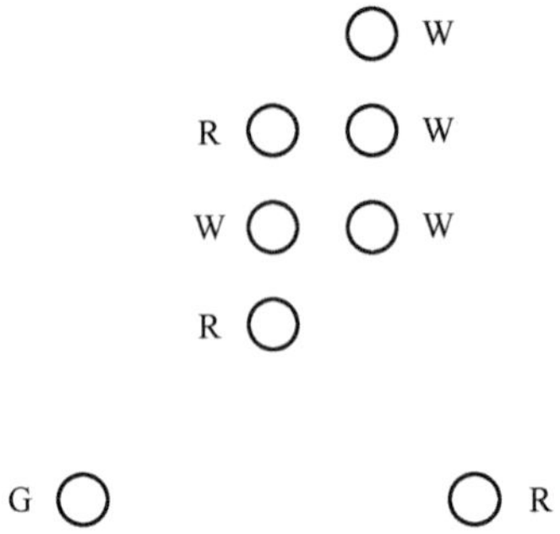

W

R W

W W

R

G R

图 3-26 习题 21 图

A. 限于吃水的船舶

B. 拖船长度小于 50m,操纵能力受到限制的旁拖船队

C. 拖船长度大于 50m,拖带长度大于 200m,操纵能力受到限制的拖船

D. 拖船长度小于 50m,拖带长度大于 200m,偏离所驶航向的能力严重受到限制的拖船

22. 从事疏浚作业的船舶除显示其他号灯外,在存在障碍物的一舷还应显示的垂直两盏环照灯是________。

A. 上红下红

B. 上绿下绿

C. 上白下红

D. 上红下白

23. 从事疏浚作业的船舶除显示其他号灯外,在不存在障碍物的一舷还应显示的垂直两盏环照灯是________。

A. 上白下红

B. 上红下绿

C. 上红下红

D. 上绿下绿

24. 试判断图 3-27 所示号灯的船舶种类和动态________。

A. 正在收放航空器的船舶

B. 在航不对水移动的挖泥船

C. 从事清除水雷作业的船舶

D. 锚泊中从事水下作业的工程船

25. 从事疏浚作业的船舶,其操纵能力受到限制时显示图 3-28 所示的号型,说明:Ⅰ在航;Ⅱ锚泊;Ⅲ球体一侧他船可通过;Ⅳ菱形体一侧他船可通过。

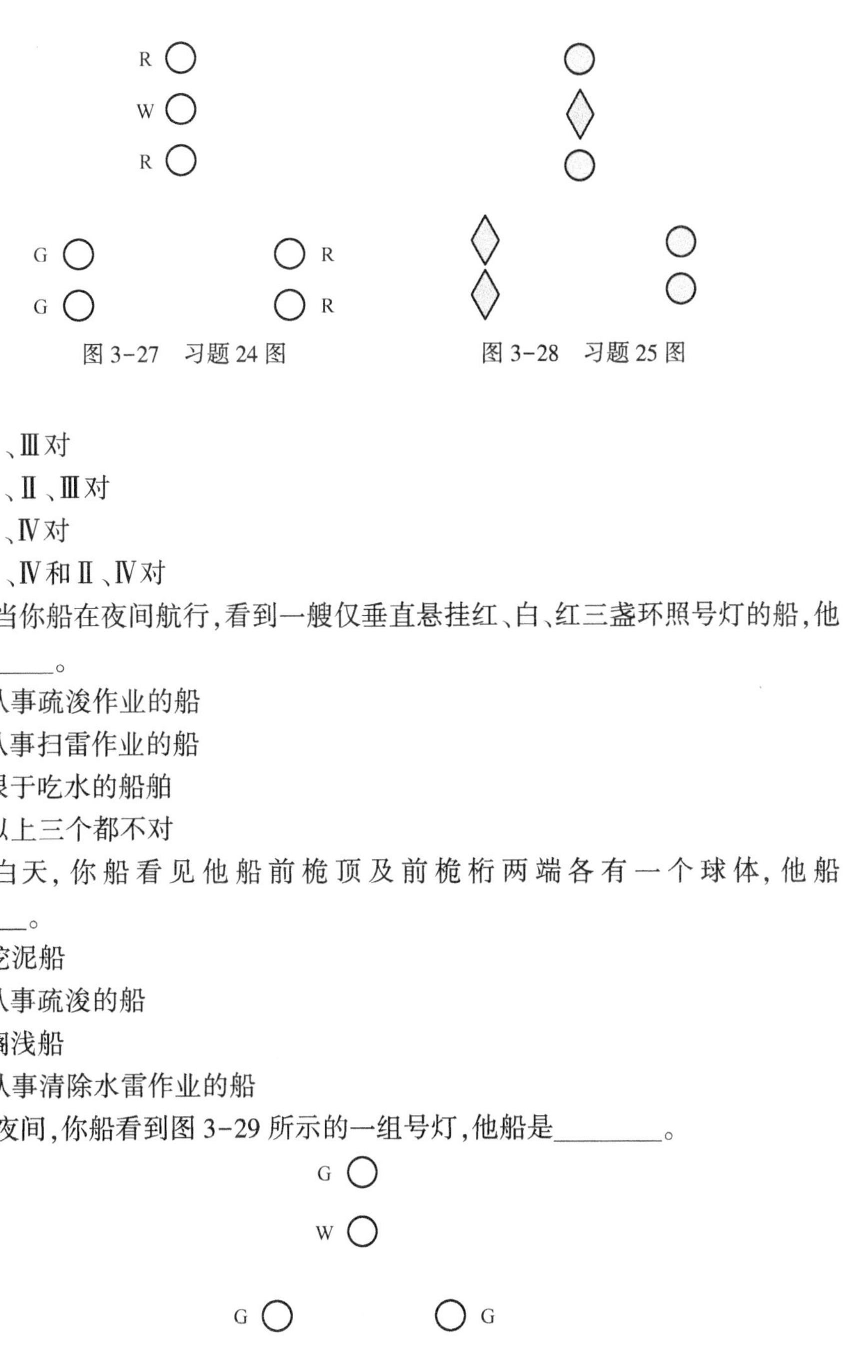

图 3-27　习题 24 图

图 3-28　习题 25 图

A. Ⅰ、Ⅲ对

B. Ⅰ、Ⅱ、Ⅲ对

C. Ⅱ、Ⅳ对

D. Ⅰ、Ⅳ和Ⅱ、Ⅳ对

26. 当你船在夜间航行,看到一艘仅垂直悬挂红、白、红三盏环照号灯的船,他船是________。

A. 从事疏浚作业的船

B. 从事扫雷作业的船

C. 限于吃水的船舶

D. 以上三个都不对

27. 白天,你船看见他船前桅顶及前桅桁两端各有一个球体,他船是________。

A. 挖泥船

B. 从事疏浚的船

C. 搁浅船

D. 从事清除水雷作业的船

28. 夜间,你船看到图 3-29 所示的一组号灯,他船是________。

图 3-29　习题 28 图

A. 在港口附近的调查船

B. 自航式挖泥船

C. 从事清除水雷作业的船

D. 渔具外伸长度大于 150m 的捕鱼船

29. 夜间,你船看到图 3-30 所示的一组号灯,他船是________。

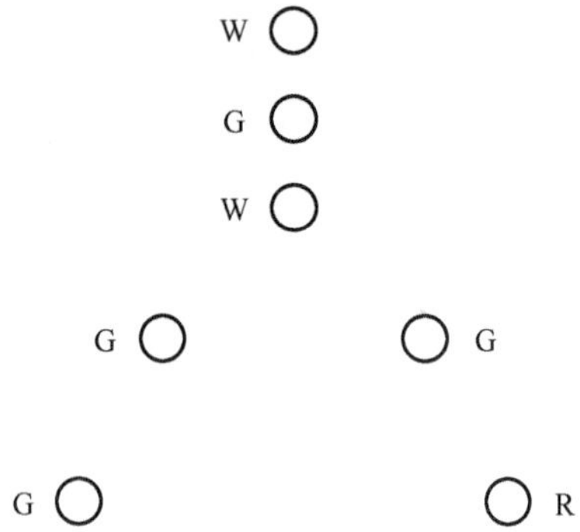

W ○

G ○

W ○

G ○　　　○ G

G ○　　　　○ R

图 3-30　习题 29 图

A. 拖带船

B. 疏浚作业船

C. 顶推船组

D. 从事清除水雷作业的船

30. 显示图 3-31 所示号灯的船是________。

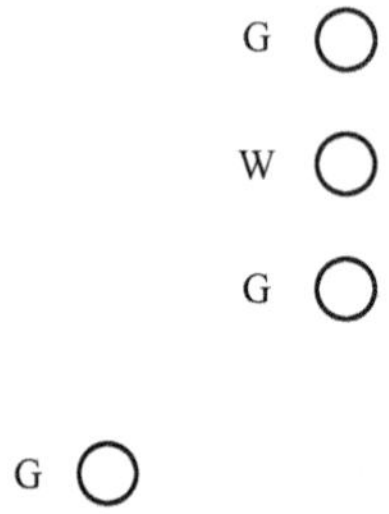

G ○

W ○

G ○

G ○

图 3-31　习题 30 图

A. 正在从事捕鱼作业的拖网船

B. 在航中从事清除水雷作业的船

C. L<12m 的潜水作业船

D. 顶推船队

31. 从事清除水雷作业的船舶在航时,应________。

A. 显示红、白、红信号灯,因为该船是一艘操纵能力受到限制的船舶

B. 按机动船显示号灯，并应显示三盏“品”字形环照红灯

C. 只有当处于在航对水移动时，才应显示三盏“品”字形环照绿灯以及机动船的桅灯、舷灯和尾灯

D. 以上三者都不对

32. 图 3-32 所示的一组号灯应是________。

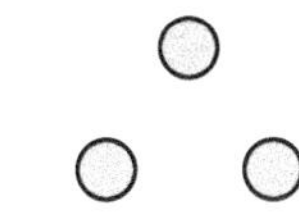

图 3-32　习题 32 图

A. 搁浅船

B. 疏浚船在锚泊

C. 从事清除水雷作业的船在锚泊

D. 锚泊中从事捕鱼作业的船

33. 夜间，从一艘在航对水移动失去控制的船舶的左前方，能看到它的什么号灯？

A. 垂直两盏环照红灯和一盏红灯

B. 垂直两盏环照红灯、两盏白灯和一盏红灯

C. 垂直三盏环照红灯和一盏白灯

D. 垂直三盏环照红灯、两盏白灯和一盏红灯

三、习题答案

1. B；2. A；3. C；4. D；5. B；6. C；7. B；8. B；9. B；10. B；11. C；12. D；13. B；14. C；15. B；16. D；17. B；18. B；19. B；20. A；21. D；22. A；23. D；24. B；25. D；26. D；27. D；28. C；29. D；30. B；31. D；32. C；33. A。

第二十八条　限于吃水的船舶

限于吃水的船舶，除第二十三条为机动船规定的号灯外，还可在最易见处垂直显示三盏环照红灯，或者一个圆柱体。

一、《规则》条文与知识点解读

(1) 限于吃水的船舶是机动船，因此应按《规则》第二十三条规定显示机动船

号灯，即在航时，应：

① 显示前桅灯、后桅灯（船长<50m 不要求）、舷灯和尾灯。

② 可以（不是必须）在最易见处显示垂直三盏环照红灯。

③ 白天时，可以显示一个圆柱体号型，也可以不显示。

（2）如果不显示垂直三盏环照红灯或一个圆柱体号型，则不适用《规则》第十八条第 4 款的规定，即不享受其他船舶应避免妨碍其安全通行的权利。

（3）锚泊时，应按《规则》第三十条的规定显示锚泊船的号灯和号型。

二、习题

1. 在夜间，一艘机动船除显示其他号灯外，又显示垂直三盏环照红灯，表示它是________。

A. 失去控制的船舶

B. 限于吃水的船舶

C. 正在从事扫雷作业的船舶

D. 操纵能力受到限制的船舶

2. 你船是在深水航道有限的水域中航行，并按《规则》规定悬挂限于吃水的船舶的号型，与从左舷 25°方向驶来的挂有圆柱体号型的他船交叉相遇，致有构成碰撞危险，应________。

A. 你船给他船让路

B. 他船给你船让路

C. 互为让路船

D. 他船不应妨碍你船

3. 限于吃水的船舶在航时显示的号型是________。

A. 一个圆锥体尖端向上

B. 一个圆锥体尖端向下

C. 两个圆锥体尖端对接

D. 一个圆柱体

4. 限于吃水的船舶在航时应显示________。

A. 同长度机动船规定的号灯

B. 同长度机动船规定的号灯，垂直两盏环照红灯

C. 同长度机动船规定的号灯，另可显示垂直三盏环照红灯

D. 以上都不对

5. 显示图 3-33 所示号型的船舶是________。

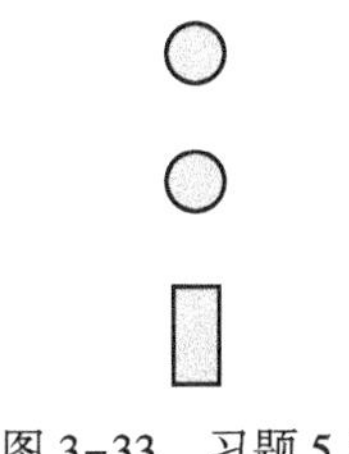

图 3-33　习题 5 图

A. 限于吃水的船舶失控

B. 限于吃水的船舶锚泊

C. 限于吃水的船舶搁浅

D. 以上都不对

6. 夜间,你看到图 3-34 所示一组号灯,则该船是________。

G

W

R

图 3-34　习题 6 图

A. 从事引航作业的船舶

B. 从事顶推作业的船舶

C. 从事拖网作业的船舶

D. 限于吃水的船舶

三、习题答案

1. B;2. B;3. D;4. C;5. A;6. C。

第二十九条　引 航 船 舶

1. 执行引航任务的船舶应显示:

(1) 在桅顶或接近桅顶处,垂直两盏环照灯,上白下红;

(2) 当在航时,外加舷灯和尾灯;

(3) 当锚泊时,除本款第(1)项规定的号灯外,还应显示第三十条对锚泊船规定的号灯或号型。

2. 引航船当不执行引航任务时,应显示为其同样长度的同类船舶规定的号灯或号型。

一、《规则》条文与知识点解读

引航船舶，不论是机动船还是帆船，都应按下述要求显示。

1. 执行引航任务时

(1) 不论在航还是锚泊，都应在桅顶或接近桅顶处显示垂直上白下红两盏环照灯。

(2) 在航时，不论对水移动还是不对水移动，都应显示舷灯和尾灯。要注意不应显示桅灯。

(3) 锚泊时，除应显示垂直上白下红环照灯外，还应显示锚泊船的号灯或号型。

2. 不执行引航任务时

当不执行引航任务时，不应显示上述引航船号灯，应按其船舶种类显示号灯或号型。例如：若为在航机动船，则应按《规则》第二十三条规定显示机动船的号灯；若为在航帆船，则应按《规则》第二十五条规定显示帆船的号灯，机帆并用时应显示尖端向下圆锥体号型；若为锚泊船，则应显示锚泊船的号灯和号型。

二、习题

1. 正在执行引航任务的船舶________。

A. 在航时，应显示上白下红环照灯、舷灯和尾灯

B. 只有在对水移动时，才应显示 A 所述的号灯

C. 锚泊时，应显示上白下红环照灯，而不应显示锚灯

D. 在航时，除应显示 A 所述的号灯外，还应显示桅灯

2. 夜间，你船看到他船显示图 3-35 所示的号灯，你认为他船是什么船？

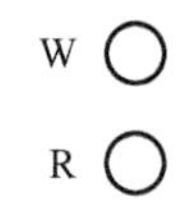

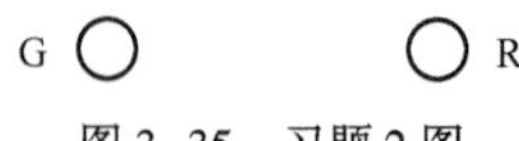

图 3-35　习题 2 图

A. 从事拖网作业的渔船

B. 机帆船机帆并用时

C. 执行引航任务的引航船在航

D. 在航帆船

3. 引航船不对水移动执行任务时应显示________。

A. 垂直上白下红环照灯

B. 垂直上白下红环照灯、舷灯

C. 垂直上白下红环照灯、尾灯

D. 垂直上白下红环照灯、舷灯、尾灯

4. 夜间,看到上白下红两盏环照灯和一盏绿色舷灯,他船是________。

A. 从事捕鱼的船舶

B. 非拖网渔船

C. 执行引航任务的引航船

D. 帆船

5. 显示图 3-36 所示号灯的船舶是________。

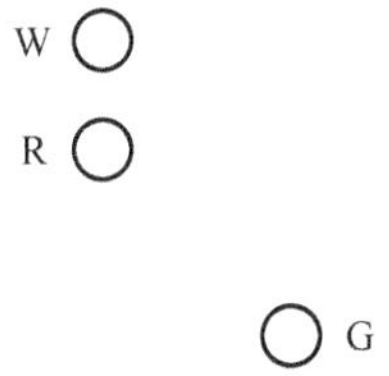

W ○

R ○

○ G

图 3-36　习题 5 图

A. 除拖网作业外从事捕鱼作业的船舶

B. 从事拖网作业的捕鱼船

C. 执行引航任务的引航船

D. 长度大于 20m 的帆船

6. 显示图 3-38 所示号灯的船是________。

W ○

R ○

W ○

图 3-37　习题 6 图

A. 在锚泊中执行引航任务的船舶

B. 在航行中执行引航任务的船舶

C. A 和 B 都对

D. A 和 B 都不对

三、习题答案

1. A;2. C;3. D;4. C;5. C;6. A。

第三十条　锚泊船舶和搁浅船舶

1. 锚泊中的船舶应在最易见处显示:

(1) 在船的前部,一盏环照白灯或一个球体;

(2) 在船尾或接近船尾并低于本款第(1)项规定的号灯处,一盏环照白灯。

2. 长度小于 50m 的船舶,可以在最易见处显示一盏环照白灯,以取代本条第1款规定的号灯。

3. 锚泊中的船舶,还可以使用现有的工作灯或同等的灯照明甲板,而长度为100m 及 100m 以上的船舶应当使用这类灯。

4. 搁浅的船舶应显示本条第 1 款或第 2 款规定的号灯,并在最易见处外加:

(1) 垂直两盏环照红灯;

(2) 垂直三个球体。

5. 长度小于 7m 的船舶,不是在狭水道、航道、锚地或其他船舶通常航行的水域中或其附近锚泊时,不要求显示本条第 1 款和第 2 款规定的号灯或号型。

6. 长度小于 12m 的船舶搁浅时,不要求显示本条第 4 款第(1)项和第(2)项规定的号灯或号型。

一、《规则》条文与知识点解读

(一) 锚泊船

(1) 锚泊船应按本条规定显示号灯和号型,具体显示要求以下:

① 船长≥50m 的锚泊船,在船的前部、尾部各显示一盏环照白灯(简称“锚灯”),后锚灯低于前锚灯;白天在船的前部显示一个球体(简称“锚球”)。

② 船长<50m 的锚泊船,可以按上述要求显示前、后锚灯,也可以只在最易见处显示一盏锚灯;白天在船的前部显示一个锚球。

③ 船长≥100m 的锚泊船,还应使用工作灯或同等的灯照明甲板,船长<100m可以这样做。

(2) 不是所有的船舶锚泊时都按照本条规定显示锚灯和锚球,这些船舶包括:

① 不易觉察、部分淹没的被拖船或被拖物体,显示与在航时一样的号灯和号型即可。

② 不能显示规定的号灯或号型的被拖船或物体,当其锚泊时,有灯光或能表明其存在即可。

③ 从事捕鱼的船舶(不包括使用曳绳钓、短绳钓或其他不使其操纵性能受到

限制的渔具捕鱼）锚泊时，应完全按照《规则》第二十六条规定显示号灯和号型：

a. 从事拖网作业时，应显示垂直上绿下白环照灯和后桅灯；白天应显示上下垂直、尖端对接的两个圆锥体号型。

b. 从事非拖网作业时，应显示垂直上红下白环照灯；白天应显示上下垂直、尖端对接的两个圆锥体号型。另外，当外伸渔具的水平距离大于 150m 时，应朝着渔具的方向显示一盏环照白灯，白天应朝着渔具的方向悬挂一个尖端向上的圆锥体号型。

④ 从事疏浚、水下作业和潜水作业的船舶，当其锚泊时，应完全按照《规则》第二十七条规定显示号灯和号型：

a. 在最易见处显示垂直红、白、红三盏环照灯，在有障碍物一舷垂直两盏环照红灯，在他船可通过一舷垂直两盏环照绿灯。

b. 白天，在最易见处垂直球体、菱形体、球体号型，在有障碍物一舷垂直两个球体号型，在他船可通过一舷垂直两个菱形体号型。

c. 潜水作业的船舶，当不能按上述要求显示时，应显示垂直红、白、红三盏环照灯；白天应悬挂一个国际信号旗“A”的硬质复制品。

⑤ 船长<7m 的船舶，如果不是在狭水道、航道、锚地或其他船舶通常航行的水域中或其附近锚泊，不要求显示锚灯和锚球。

（3）不是所有的船舶锚泊时都只显示本条规定的锚灯和锚球，这些船舶包括：

① 从事清除水雷作业的船舶锚泊时，除应按本条规定显示锚灯和锚球外，还应显示呈正三角形分布的三盏环照绿灯和呈正三角形分布的三个球体号型。

② 除从事疏浚、水下作业、潜水作业、清除水雷作业的船舶外，其他操纵能力受到限制的船舶，除应按本条规定显示锚灯和锚球外，还应显示垂直红、白、红三盏环照灯和垂直球体、菱形体、球体号型。

③ 引航船舶锚泊时，除应按本条规定显示锚灯和锚球外，还应显示垂直上白下红环照灯。

（二）搁浅船

（1）搁浅的船舶，除应按船长显示锚灯外，还应在最易见处显示垂直两盏环照红灯；白天应在最易见处显示垂直三个球体。

① 船长≥50m 的搁浅船，在前部、尾部各显示一盏锚灯，并在最易见处显示垂直两盏环照红灯；白天应在最易见处显示垂直三个球体。

② 船长<50m 的搁浅船，可以显示前、后锚灯和垂直两盏环照红灯，也可以在最易见处显示一盏锚灯和垂直两盏环照红灯；白天应在最易见处显示垂直三个球体。

在理解时，可将搁浅理解为在锚泊中失去控制，因此，既显示锚泊船的锚灯（一盏或两盏）和锚球（一个），又显示失去控制的船舶的号灯（垂直两盏环照红灯)和号型(垂直两个球体),就是搁浅船应显示的号灯和号型。在显示号型时,如果将一个锚球和垂直两个球体放在一起显示,应变成垂直三个球体了。

(2) 长度<12m 的船舶搁浅时,不要求显示垂直两盏环照红灯和垂直三个球体,但仍应显示锚灯。

(3) 船长<7m 的船舶,如果不是在狭水道、航道、锚地或其他船舶通常航行的水域中或其附近搁浅,则没有显示号灯和号型的要求。

二、习题

1. 在夜间,一艘在锚泊中使用曳绳钓从事捕鱼的船舶应显示________。

A. 一盏环照白灯

B. 垂直两盏上绿下白环照灯

C. 垂直两盏上红下白环照灯

D. 垂直两盏上白下红环照灯

2. 试判断下述提法的正确性。

A. 任何长度的船舶锚泊时,应显示前后锚灯以及甲板照明灯

B. $L \leqslant 100$m 的船舶锚泊时,可以在最易见处显示一盏环照白灯以取代前后锚灯

C. $L \geqslant 50$m 的船舶锚泊时,均应按规定显示前后锚灯

D. 除其他条款另有规定外,任何长度的船舶在锚泊时,均应按规定显示锚灯或锚球

3. 避碰规则规定,长度为________及以上的船舶,在锚泊中应当使用现有的工作灯或同等的灯照明甲板?

A. 50m

B. 100m

C. 150m

D. 200m

4. 搁浅船应显示的号型是________。

A. 垂直三个黑球

B. 垂直三个黑球并在首部一个黑球

C. 垂直两个黑球

D. 垂直两个黑球并在首部一个黑球

5. 搁浅船应显示________。

A. 除显示前后锚灯、甲板工作灯外,另应显示垂直两盏环照红灯

B. 除按同长度船舶显示锚灯外,另应显示垂直两盏环照红灯

C. 除按同长度船舶显示号型外,另应显示垂直三个黑球

D. 除按同长度船舶显示号型外，另应悬挂一面“A”字旗

6. 当你看到他船悬挂三个垂直黑球，他船是________。

A. 他船试图通信联络

B. 他船正在从事疏浚作业

C. 他船失控

D. 他船处于搁浅

三、习题答案

1. A；2. D；3. B；4. A；5. B；6. D。

第三十一条 水 上 飞 机

当水上飞机或地效翼船不可能显示按本章各条规定的各种特性或位置的号灯和号型时，则应显示尽可能近似于这种特性和位置的号灯和号型。

一、《规则》条文与知识点解读

（一）水上飞机、地效翼船应显示的号灯和号型

综合《规则》第三章各条规定，水上飞机和地效翼船应显示以下号灯和号型：

（1）当水上飞机在水面航行时，《规则》没有为其规定特殊的号灯，由于其属于机动船，因此应显示机动船的号灯。

（2）当地效翼船在航时，应显示机动船的号灯，当在贴近水面起飞、降落和飞行时，还应显示一盏高强度的环照红色闪光灯。

（3）当水上飞机和地效翼船锚泊时，应遵守《规则》第三十条对锚泊船显示号灯和号型的规定。

（二）不能按规定的各种特性或位置显示时

（1）由水上飞机和地效翼船的结构看，可属于“特殊构造或用途的船舶”，对于这种船舶显示的号灯和号型，按照《规则》第一条第5款规定，允许在号灯或号型的数量、位置、能见距离或弧度方面为其作出另行规定，但应尽可能与《规则》的规定相一致或接近。

（2）本条是对水上飞机和地效翼船显示号灯与号型的强调，如果其号灯和号型的特性或位置不能与《规则》的规定一致，也应尽可能接近。例如：

① 水上飞机和地效翼船在水面航行时，通常在其前部显示一盏桅灯，但没有高出机体和船体一定高度；在机翼两端显示舷灯，但不是安装在舷侧。

② 水上飞机和地效翼船在水面锚泊时，除前部和后部显示环照白灯外，为了表示其整体宽度，另在机翼两端还可各显示一盏环照白灯。

第四章　声响和灯光信号

第三十二条　定　　义

1.“号笛”一词,指能够发出规定笛声并符合本规则附录三所载规格的任何声响信号器具。

2.“短声”一词,指历时约 1s 的笛声。

3.“长声”一词,指历时 4~6s 的笛声。

第三十三条　声 号 设 备

1. 长度为 12m 或 12m 以上的船舶应配备一个号笛。长度为 20m 或 20m 以上的船舶,除了号笛以外还应配备一个号钟。长度为 100m 或 100m 以上的船舶,除了号笛和号钟以外还应配备一个号锣,号锣的音调和声音不可与号钟的混淆。号笛号钟和号锣应符合本规则附录三所载规格。号钟、号锣或二者可用与其各自声音特性相同的其他设备代替,但任何时候都要能以手动鸣放规定的声号。

2. 长度小于 12m 的船舶,不要求备有本条第 1 款规定的声响信号器具。如不备有,则应配置能够鸣放有效声号的他种设备。

一、《规则》条文与知识点解读

本条对声号设备配备的规定如下:

(1) $L \geqslant 100$m 的船舶:应配备一个号笛、一个号钟和一面号锣。号锣的音调和声音不可与号钟的相混淆。

(2) 20m$\leqslant L<100$m 的船舶:应配备一个号笛和一个号钟。

(3) 12m$\leqslant L<20$m 的船舶:应配备一个号笛。

(4) $L<12$m 的船舶:不要求配备《规则》要求的声响信号器具。如不备有,则应配置能够鸣放有效声号的他种设备。

二、习题

1.“短声”是指历时。

A. 约 1s 的笛声

B. 1~2s 的笛声

C. 约 2s 的笛声

D. 约 3s 的笛声

2. 长度小于 12m 的船舶应配备的声号设备为________。

A. 一个号笛

B. 一个号笛和一个号锣

C. 一个号钟和一个号锣

D. 可配置多种有效声号设备

3. 长度为 12m 及 12m 以上的船舶应配备的声号设备为________。

A. 一个号笛

B. 一个号笛和一个号锣

C. 一个号钟和一个号锣

D. 一个号笛、一个号钟和一个号锣

4. 长度为 100m 及 100m 以上的船舶应配备的声号设备有:Ⅰ号钟、号笛;Ⅱ号角;Ⅲ号锣。

A. Ⅰ和Ⅱ对

B. 仅Ⅰ对

C. Ⅱ和Ⅲ对

D. Ⅰ和Ⅲ对

5. $L \geqslant 100$m 的船舶,应配备________。

A. 一个号锣、一个号钟

B. 一个号钟、一个汽笛

C. 一个号锣、一个汽笛

D. 一个号锣、一个号钟以及至少一个汽笛

三、习题答案

1. A;2. D;3. B;4. D;5. D。

第三十四条　操纵和警告信号

1. 当船舶在互见中,在航机动船按本规则条款准许或要求进行操纵时,应用号笛发出下列声号表明:

(1) 一短声表示"我船正在向右转向";

(2) 二短声表示"我船正在向左转向";

(3) 三短声表示"我船正在向后推进"。

2. 在操作过程中,任何船舶均可用灯号补充本条第 1 款规定的笛号,这种灯

号可根据情况予以重复：

(1) 这些灯号应具有下列意义：

一闪表示“我船正在向右转向”；

二闪表示“我船正在向左转向”；

三闪表示“我船正在向后推进”。

(2) 每闪历时应约一秒钟，各闪间隔应约一秒钟，前后信号的间隔应不少于 10s；

(3) 如设有用作本信号的号灯，则应是一盏环照白灯，其能见距离至少为 5n mile，并应符合本规则附录一所载规定。

3. 在狭水道或航道内互见时：

(1) 一艘企图追越他船的船，应遵照第九条 5 款第(1)项的规定，以号笛发出下列声号表示其意图：

二长声继以一短声，表示“我船企图从你船的右舷追越”；

二长声继以二短声，表示“我船企图从你船的左舷追越”。

(2) 将要被追越的船，当按照第九条 5 款第(1)项行动时，应以号笛依次发出下列声号表示同意：一长、一短、一长、一短声。

4. 当互见中的船舶正在互相驶近，并且不论由于任何原因，任何一船无法了解他船的意图或行动，或者怀疑他船是否正在采取足够的行动以避免碰撞时，存在怀疑的船应立即用号笛鸣放至少五声短而急的声号以表示这种怀疑。该声号可以用至少五次短而急的闪光来补充。

5. 船舶在驶近可能被居间障碍物遮蔽他船的水道或航道的弯头或地段时，应鸣放一长声。该声号应由弯头另一面或居间障碍物后方可能听到它的任何来船回答一长声。

6. 如船上所装几个号笛，其间距大于 100m，则只应使用一个号笛鸣放操纵和警告声号。

可将本条规定的操纵和警告信号分为操纵行动信号、追越信号、怀疑与警告信号和过弯道信号。

一、《规则》条文与知识点解读

(一) 操纵行动信号

(1) 操纵行动信号适用于互见中的在航机动船。

(2) 应用时机为按本规则条款准许或要求进行操纵时，通常可理解为已构成碰撞危险或会遇局面已形成。

(3) 操纵行动信号应在进行操纵的同时使用，仅表示正在进行的操纵行动，而不表示船舶的动态和操纵意图。

(4) 操纵行动信号包括声号和灯号，具体如下：

① "一短声"表示"我船正在向右转向"，可用操纵号灯发出"一闪"补充。

② "二短声"表示"我船正在向左转向"，可用操纵号灯发出"二闪"补充。

③ "三短声"表示"我船正在向后推进"，可用操纵号灯发出"三闪"补充。

操纵号灯是一盏白灯，对于任何长度的船舶，其能见距离都是至少为5n mile。

每闪历时应约1s，各闪间隔应约1s，前后信号的间隔应不少于10s。

(5) 上述操纵号灯发出的灯号不强制使用，也不能代替声号，仅用于对声号进行补充。但应注意的是，在有些情况下，特别是在夜间时，灯号可能比声号更有效，应当积极使用。

(6) 下列情况不使用操纵行动信号：

① 用舵来抵消风流对船舶的影响。

② 用舵来纠正船舶后退引起的偏转。

(二) 追越信号

(1) 追越信号只有声号而没有灯号，适用于互见中的任何种类船舶。

(2) 追越信号仅用于狭水道和航道内的水域，并且只有在后船需要前船配合才能安全追越时使用。

(3) 追越信号应在追越前鸣放，以表示本船的意图，不得在开始实施追越行动之后鸣放。

(4) 具体的追越信号如下：

① 追越船企图从前船的右舷追越，鸣放二长声继以一短声；企图从前船的左舷追越，鸣放二长声继以二短声。

② 被追越船如果同意追越，鸣放一长、一短、一长、一短声；如果不同意，可鸣放怀疑与警告信号，即至少五声短而急的声号，并可用至少五次短而急的闪光来补充。

(三) 怀疑与警告信号

(1) 怀疑与警告信号适用于互见中的任何种类船舶。

(2) 怀疑与警告信号的使用时机为：当无法了解他船的意图或行动，或者怀疑他船是否正在采取足够的行动以避免碰撞时，存在怀疑的船应立即发出。

(3) 怀疑与警告信号包括声号和灯号，声号为至少五声短而急的笛号，灯号为至少五次短而急的闪光。灯号不强制使用，也不能代替声号，仅用于对声号进行补充。

(四) 过弯道信号

(1) 过弯道信号是一长声声号，其适用条件为：

① 能见度良好时的任何船舶。

② 驶近有居间障碍物的水道或弯道，居间障碍物的后方可能有他船存在。

从客观情况而言,居间障碍物的后方可能有船也可能没有。如果居间障碍物的后方有船,他船与本船是不互见的,但导致不互见的原因不是能见度不良,而是居间障碍物遮蔽。

(2) 过弯道信号是一种针对特定水域的戒备信号,因此,当船舶驶近有居间障碍物的水道或弯道时,不论居间障碍物后方有没有他船,都应鸣放。

(3) 如果听到居间障碍物的后方传来一长声信号,则应回答一长声,以表明本船的存在。

(4) 当能见度下降到无法以视觉看清居间障碍物后方可航水域的情况时,应按《规则》第三十五条规定鸣放声号,即“雾号”。

二、习题

1. 操纵声号在下列哪种情况下可以鸣放?

A. 任何能见度

B. 互见中

C. 能见度不良

D. 以上都对

2.《规则》第三十四条第1款所规定的行动声号,适用于________。

A. 任何能见度中的机动船

B. 任何能见度互见中的机动船

C. 互见中的任何机动船

D. 互见中的任何在航机动船

3. 你船使用主机向后推进时,在下述什么情况下可用声号表示?

A. 能用视觉观察到他船时

B. 听到他船的雾号时

C. A和B都对

D. A和B都不对

4. 一船全速倒车由船坞退到航道,由于有码头建筑物遮蔽来船,该船应鸣放什么声号?

A. 三短声

B. 四短声

C. 五短声

D. 一长声

5. 下列哪种观点是正确的?

A. 行动信号适用于在航机动船当按本规则准许或要求进行操纵时

B. 行动信号仅适用于在能见度良好,相遇两船为避免碰撞而采取操纵行动时

C. 只要两船处于互见中,为避免碰撞而采取操纵行动时,就必须按规定鸣放相应的声号

D. 是否鸣放行动信号,应取决于当时的能见度情况

6. 是否应鸣放行动信号,应取决于________。

A. 两船的距离

B. 所采取的行动是否是规则准许或要求的行动

C. A 和 B 都对

D. A 和 B 都不对

7. 试判断下列哪种说法是正确的?

A. 操纵声号仅适用于在航机动船按本规则准许或要求进行操纵时

B. 操纵声号仅适用于在航机动船当进行任何转向与变速行动时

C. 操纵声号适用于在航机动船为避免碰撞而采取行动时

D. 操纵声号不适用于在航机动船违背规则采取行动时,或为了航行需要而采取行动时

8. 下列哪种观点是正确的?

A. 行动信号表示本船即将可能采取的操纵行动

B. 行动信号表示本船即将采取的操纵行动的意图

C. 行动信号意味着将要求他船也应采取同样的行动

D. 行动信号表示本船正在进行的操纵行动

9.《规则》第三十四条第 1 款所规定的"行动声号"的含义是________。

A. 本船正在进行的行动

B. 本船的行动意图

C. 表示从哪一舷相互驶过的建议

D. 警告或提醒来船注意本船行动的信号

10. 互见中的在航机动船,当在相互避让时应用笛号发一短声,则表明________。

A. 警告对方注意

B. 我船正在向左转向

C. 我船正在向右转向

D. 我船将静止不动

11. 当你发觉在右前方直至正前方有一船队向本船驶来,经观察发现正前方一艘来船方位不变,在这种情况下,你船应________。

A. 鸣放一短声,大幅度右转

B. 鸣放三短声,大幅度左转

C. 鸣放五短声,保向保速

D. 鸣放五短声,立即停车、倒车把船拉住

12. 按避碰规则规定,表示“我船正在向后推进”的声号是________。

A. 一长三短声

B. 二短声

C. 一长一短声

D. 三短声

13. 操纵声号中的“三短声”表示________。

A. 我船主机正在后退

B. 我船主机将全速倒退

C. 我船正在向后推进

D. 我船将要向后推进

14. 在规则的操纵和警告信号中,下列哪种信号可以用灯光补充笛号?

A. 至少五短声短而急的声号

B. 二长一短声

C. 一长声

D. 以上均可以

15. 补充操纵声号的灯号,前后信号的间隔时间应不少于________。

A. 5s

B. 10s

C. 15s

D. 30s

16. 操纵号灯的能见距离不小于________。

A. 6n mile

B. 5n mile

C. 3n mile

D. 2n mile

17. 用作补充号笛的号灯必须是环照白灯,能见距离至少为________。

A. 2n mile

B. 5n mile

C. 3n mile

D. 6n mile

18. 操纵号灯的能见距离是________。

A. 2n mile

B. 3n mile

C. 5n mile

D. 6n mile

19. 下列哪种观点是正确的?

A. 操纵号灯的能见距离应大于 2n mile

B. 操纵号灯的能见距离至少为 5n mile

C. 操纵号灯应是一盏与桅灯具有同等特性的白色灯光

D. 任何船舶均应装设操纵号灯,否则即为不适航

20. 发出追越声号表示追越船________。

A. 企图采取的行动

B. 即可独自采取的行动

C. 正在采取的行动

D. 所处的局面

21. 在狭水道中,追越船欲从被追越船的左舷追越,应鸣放________。

A. 二长声继以一短声

B. 二长声继以二短声

C. 一长声继以三短声

D. 一长、一短、一长、一短声

22. 互见中的在航机动船,当一船企图从前船的左舷追越时,应鸣放________。

A. 一长声继以二短声

B. 二长声继以二短声

C. 二长声继以一短声

D. 一长声继以一短声

23. 被追越船同意追越船的追越意图,并采取避让行动时,应鸣放________。

A. 一长声

B. 二长声

C. 一长声继以一短声

D. 一长、一短、一长、一短声

24. 在狭水道中,追越船发出两长声一短声的信号后,被追越船没有回声,追越船应认为被追越船________。

A. 默认追越船的行动

B. 不同意追越

C. A 和 B 都是

D. A 和 B 都不是

25.《规则》第三十四条第 4 款所规定的"怀疑信号"________。

A. 仅适用于互见中的在航机动船

B. 也可适用于船舶在驶近可能有其他船舶被居间障碍物遮蔽的水道或航道的弯头或地段时

C. 仅适用于互见中的直航船发现让路船显然没有按本规则要求采取行动时

D. 适用于互见中的船舶在相互驶近时,任何船舶对他船的行动或意图持有疑义时

26. 互见中的船舶相互驶近,一船无法了解他船的意图时,则应立即鸣放________表示怀疑。

A. 至少五短声短而急的声号

B. 四声短而急的声号

C. 三声短而急的声号

D. 两声短而急的声号

27. 我船在驶近可能有其他船舶被居间障碍物遮蔽的水道地段时,当鸣放一长声,居间障碍物后方听到该声号的任何船舶应回答________。

A. 一长声继以一短声

B. 二长声继以二短声

C. 一长声

D. 二长声

28. 船舶在驶近可能有其他船舶被居间障碍物遮蔽的水道或航道的弯头或地段时,应鸣放________。

A. 一长声

B. 二长声

C. 一长声继以一短声

D. 二长声继以二短声

29. 一长声的弯道信号适用于________。

A. 能见度不良时

B. 能见度良好的情况下

C. A 和 B 都对

D. A 和 B 都不对

30. 船舶在驶近可能有其他船舶被居间障碍物遮蔽的水道或航道的弯头或地段时,应鸣放________。

A. 至少五短声

B. 一长声继以一短声

C. 一长声

D. 二长声

31. 按照《规则》第三十四条第 5 款规定,船舶在驶近可能被居间障碍物遮蔽

他船的水道或航道的弯头或地段时,应鸣放一长声,弯头另一面或居间障碍物后方听到一长声信号的任何来船应回答“一长声”。该“一长声”信号,除其他条文另有规定外________。

A. 表示一船无法发现在航道或水道的弯头另一侧的水域情况

B. 表示在驶近可能有其他船舶被居间障碍物遮蔽的水道或航道的弯头或地段的一船所发出的一种警告他船的声号

C. A 和 B 都对

D. A 和 B 都不对

三、习题答案

1. B;2. D;3. A;4. D;5. A;6. B;7. A;8. D;9. A;10. C;11. A;12. D;13. C;14. A;15. B;16. B;17. B;18. C;19. B;20. A;21. B;22. B;23. D;24. B;25. D;26. A;27. C;28. A;29. B;30. C;31. C。

第三十五条　能见度不良时使用的声号

在能见度不良的水域中或其附近时,不论白天还是夜间,本条规定的声号使用如下:

1. 机动船对水移动时,应以每次不超过 2min 的间隔鸣放一长声。

2. 机动船在航但已停车,并且不对水移动时,应以每次不超过 2min 的间隔连续鸣放二长声,二长声间的间隔约 2s。

3. 失去控制的船舶、操纵能力受到限制的船舶、限于吃水的船舶、帆船、从事捕鱼的船舶,以及从事拖带或顶推他船的船舶,应以每次不超过 2min 的间隔连续鸣放三声,即一长声继以二短声,以取代本条第 1 款或第 2 款规定的声号。

4. 从事捕鱼的船舶锚泊时,以及操纵能力受到限制的船舶在锚泊中执行任务时,应当鸣放本条第 3 款规定的声号以取代本条第 7 款规定的声号。

5. 一艘被拖船或者多艘被拖船的最后一艘,如配有船员,应以每次不超过 2min 的间隔连续鸣放四声,即一长声继以三短声。当可行时,这种声号应在拖船鸣放声号之后立即鸣放。

6. 当一顶推船和一被顶推船牢固地连接成为一个组合体时,应作为一艘机动船,鸣放本条第 1 款或第 2 款规定的声号。

7. 锚泊中的船舶,应以每次不超过 1min 的间隔急敲号钟约 5s。长度为 100m 或 100m 以上的船舶,应在船的前部敲打号钟,并应在紧接钟声之后,在船的后部急敲号锣约 5s。此外,锚泊中的船舶,还可以连续鸣放三声,即一短、一长和一短声,以警告驶近的船舶注意本船位置和碰撞的可能性。

8. 搁浅的船舶应敲打本条第 7 款规定的钟号,如有要求,应加发该款规定的锣号。此外,还应在紧接急敲号钟之前和之后,各分隔而清楚地敲打号钟三下。搁浅的船舶还可以鸣放合适的笛号。

9. 长度为12m或12m以上但小于20m的船舶,不要求鸣放本条第7款和第8款规定的声号。但如不鸣放上述声号,则应鸣放他种有效的声号,每次间隔不超过2min。

10. 长度小于12m的船舶,不要求鸣放上述声号,但如不鸣放上述声号,则应以每次不超过2min的间隔鸣放他种有效的声号。

11. 引航船当执行引航任务时,除本条第1款、第2款或第7款规定的声号外,还可以鸣放由四短声组成的识别声号。

一、《规则》条文与知识点解读

(一) 雾号的使用

(1) 能见度不良时鸣放的声号(雾号)是针对船舶所在水域的规定。任何船舶,不论白天还是夜间,也不论在航、锚泊或搁浅,只要在能见度不良的水域中或其附近,都应按本条的规定鸣放相应的声号。

(2) 雾号包括笛号、钟号和锣号三种。鸣放笛号的间隔为不超过2min,而发出钟号和锣号的间隔为不超过1min。任何船舶在航时,都是只鸣放笛号,不应发出钟号和锣号。钟号和锣号只在锚泊和搁浅时使用,但不是任何船舶锚泊和搁浅时只发出钟号和锣号。

(二) 在航船的雾号

(1) 机动船在航对水移动时鸣放一长声,在航不对水移动时应鸣放二长声。各次间隔都不超过2min。

这里的"机动船"包括机帆并用的船舶和顶推船与被顶推船牢固连接成的组合体,但不包括用机器推进的下述船舶:失去控制的船舶、操纵能力受到限制的船舶、限于吃水的船舶、从事捕鱼的船舶、拖船(包括尾拖和旁拖)和顶推船。

(2) 失去控制的船舶、操纵能力受到限制的船舶、限于吃水的船舶、帆船、从事捕鱼的船舶、拖船(包括尾拖和旁拖)和顶推船,在航时应鸣放一长声继以二短声,各次间隔不超过2min。

(3) 一艘被尾拖船或者多艘被尾拖船的最后一艘,如配有船员,应鸣放一长声继以三短声,各次间隔不超过2min。并且当可行时,应在拖船鸣放声号之后立即鸣放。

(4) 被旁拖船、没有连接成牢固组合体的被顶推船不必鸣放声号。

(5) $L<12$m的船舶,不要求鸣放上述声号,但应鸣放他种有效的声号,各次间隔不超过2min。

(6) 对引航船的雾号有特殊规定,详见下述内容。

（三）锚泊船的雾号

（1）从事捕鱼的船舶锚泊时、操纵能力受到限制的船舶在锚泊中执行任务时，鸣放的声号与在航时相同，即应鸣放一长声继以二短声，各次间隔不超过 2min。

（2）其他锚泊船。

① $L \geqslant 100$m 时，应在船的前部急敲号钟约 5s，紧接着在船的后部急敲号锣约 5s，各次间隔不超过 1min。另外，在发现来船驶近时，还可以连续鸣放一短、一长和一短声的笛号，以警告他船注意本船位置和碰撞的可能性。该笛号没有鸣放次数和时间间隔要求。

② 20m$\leqslant L<$100m 时，应急敲号钟约 5s，各次间隔不超过 1min。另外，还可以连续鸣放一短、一长和一短声的笛号，以警告驶近的船舶。

③ 12m$\leqslant L<$20m 时，不要求鸣放上述声号，但应以不超过 2min 的间隔鸣放他种有效的声号，以表明本船的存在。另外，这类船舶配备有一个号笛，因此，可以连续鸣放一短、一长和一短声的笛号，以警告驶近的船舶。

④ $L<12$m 的船舶锚泊时，不要求鸣放上述声号，但应鸣放他种有效的声号，各次间隔不超过 2min。

（3）对引航船的雾号有特殊规定，详见下述内容。

（四）搁浅船的雾号

（1）搁浅船应按锚泊船的规定急敲号钟和号锣，并且还应在紧接急敲号钟之前和之后，各分隔而清楚地敲打号钟三下。

（2）搁浅船还可以鸣放合适的笛号。$L<12$m 的船舶搁浅时，不要求鸣放上述声号，但应鸣放他种有效的声号，各次间隔不超过 2min。

（五）引航船的雾号

任何长度的引航船，包括 $L<12$m 的引航船，在执行引航任务时：

（1）在航时，应鸣放在航机动船的声号，即对水移动时鸣放一长声，不对水移动时鸣放二长声，各次间隔不超过 2min。另外，在需要时还可以鸣放由四短声组成的识别声号。

（2）锚泊时，应按船长鸣放上述锚泊船的声号。另外，与在航时一样，还可以鸣放由四短声组成的识别声号。

二、习题

1. 在能见度不良时，使用曳绳钓捕鱼的机动船对水移动时，应以每次不超过 2min 的间隔鸣放。

A. 一长声继以二短声

B. 一短、一长、一短声

C. 一长声

D. 二长声

2. 能见度不良时使用的声号________。

A. 仅适用于在能见度不良的水域中或其附近的船舶

B. 仅适用于在能见度不良的水域中或其附近航行时相互看不见的船舶

C. 仅适用于在能见度不良的水域中航行、锚泊和搁浅的船舶

D. 适用于在能见度不良的水域中或其附近相互看不见的船舶

3. 能见度不良时，鸣放声号的时间间隔每次不超过________。

A. 号笛、号钟和号锣均为 2min

B. 号笛、号钟和号锣均为 1min

C. 号笛为 2min，号钟和号锣为 1min

D. 号笛为 1min，号钟和号锣为 2min

4. 在能见度不良时，使用曳绳钓捕鱼的机动船对水移动时，应以每次不超过 2min 的间隔连续鸣放________。

A. 一长声

B. 二长声

C. 一长声继以二短声

D. 一短、一长、一短声

5. 一顶推船与一被顶推船牢固地连成一个组合体，当其在能见度不良的水域中航行时，应以每次不超过 2min 的间隔连续鸣放________。

A. 二长声

B. 一长声

C. 一长声继以二短声

D. 一长声继以三短声

6. 在能见度不良时，不对水移动的在航机动船应以每次不超过 2min 的间隔连续鸣放________。

A. 一长声

B. 一长声继以一短声

C. 二长声继以一短声

D. 二长声

7. 雾中因主机故障而失去控制的船舶，不对水移动时应鸣放________。

A. 一长声

B. 一短、一长、一短声

C. 二长声

D. 一长声继以二短声

8. 某船海上航行过程中主机故障进行修理，平流雾袭来时，应鸣放的雾号

是________。

A. 一长声

B. 一长声继以二短声

C. 二长声

D. 一长声继以三短声

9. 雾中听到一长声二短声的声号，该船不是________。

A. 被拖船

B. 失去控制的船舶

C. 在航帆船

D. 限于吃水的船舶

10. 能见度不良时，从事捕鱼的船舶作业时应鸣放________。

A. 一长声继以二短声

B. 一短、一长、一短声

C. 一长声继以三短声

D. 一长声

11. 你船在雾中航行，听到一船以每次不超过 2min 的间隔连续鸣放一长声二短声，该船是________。

A. 失去控制的船舶

B. 从事捕鱼的船舶在锚泊中捕鱼

C. 操纵能力受到限制的船舶在锚泊中执行任务

D. 以上都对

12. 你驾驶的机动船在雾中航行，听到左前方一长声二短声的雾号，接着又听到一长声三短声，此时应是________。

A. 按船舶之间责任条款规定让路

B. 来船是让路船

C. 双方都负有避让责任

D. A、B 和 C 都不对

13. 你驾驶的机动船在雾中航行，在右前方听到他船一长声继以二短声的雾号，此时________。

A. 你船是让路船

B. 他船是让路船

C. 两船都负有避让责任

D. 以上都不对

14. 在能见度不良的水域中，多艘被拖船的最后一艘，如配有船员，应以每次不超过 2min 的间隔连续鸣放________。

A. 一长声继以二短声

B. 二长声继以二短声

C. 一长声继以三短声

D. 四短声

15. 雾中鸣放一长声继以三短声,表示是________。

A. 一艘失去控制的船舶

B. 对水移动的引航船

C. 最后一艘配有船员的被拖船

D. 雾中锚泊船警告驶近的船舶

16. 在能见度不良时,一艘拖船拖带三艘有船员的驳船航行,其中间一艘驳船应鸣放的雾号是________。

A. 不必鸣放雾号

B. 二长声继以二短声

C. 一长声继以三短声

D. 一长声

17. 试判断下述哪种提法是正确的(能见度不良时)?

A. 任何锚泊船均可鸣放一短、一长、一短的声号作为一种警告他船的声号

B. 搁浅船应按同等长度的锚泊船鸣放相应的声号

C. 引航船在锚泊中执行引航任务时,只能鸣放规定的四短声识别信号

D. 长度小于 7m 的锚泊船,可以不必鸣放任何声响信号

18. 能见度不良时,操纵能力受到限制的船舶在锚泊中执行任务时,应鸣放的声号是________。

A. 急敲号钟约 5s

B. 在船前部敲打号钟,紧接着在后部急敲号锣 5s

C. 一短、一长、一短声

D. 一长声继以二短声

19. 雾中锚泊时应鸣放一长声继以二短声的船是________。

A. 帆船

B. 限于吃水的船舶

C. 从事捕鱼的船舶

D. A、B 和 C 都是

20. 试判断下述哪种提法是正确的(能见度不良时)?

A. 在航机动船应以每次不超过 2min 的间隔鸣放一长声

B. 失去控制的船舶只有当处于在航不对水移动时,才应鸣放一长声继以二短声

C. 正在从事捕鱼的船舶，不管在航还是锚泊，均应鸣放一长声继以二短声

D. 任何形式的顶推船只有在航时应鸣放一长声继以二短声

21. 雾中锚泊时应每次不超过________急敲号钟 5s。

A. 1min

B. 2min

C. 3min

D. 4min

22. 在能见度不良水域中锚泊的船舶，为警告驶近船舶注意本船位置和碰撞可能性，还可鸣放的声号是________。

A. 一长、一短、一长声

B. 一短、一长、一短声

C. 二长声继以二短声

D. 三短声

23. 雾中听到他船鸣放"·—·"时，表示他船为________。

A. 被拖船

B. 失去控制的船舶

C. 锚泊船

D. 停车不对水移动船

24. 你船沿岸航行遇雾时，听到右舷正横附近的雾号是一短、一长、一短声，这表明是一艘________。

A. 锚泊船

B. 搁浅船

C. 机动船不对水移动

D. 帆船

25. 你船雾中锚泊于海上，听到他船的雾号越来越响，你船除了应鸣放规定的雾号，还可使用下述哪种信号表示你船的存在________。

A. 汽笛发出至少五声短而急的声号

B. 汽笛发出一短、一长、一短声号

C. 汽笛发出一长声继以二短声声号

D. 无其他可鸣放的特殊信号

26. 雾中听到紧接急敲号钟前后各分隔而清楚的号钟三下，他船应是________。

A. 失去控制的船舶

B. 搁浅船

C. 限于吃水的船舶

D. 操纵能力受到限制的船舶

27. 下述哪种船不使用一长声继以二短声雾号?

A. 失去控制的船舶

B. 搁浅船

C. 锚泊中从事捕鱼的船舶

D. 限于吃水的船舶

28. 雾中,下列哪种船舶可鸣放“··—”?

A. 从事捕鱼的船舶

B. 机动船

C. 搁浅船

D. 执行引航任务的船舶

29. 按照《规则》规定,在能见度不良的水域中,锚泊中的小船________。

A. 在锚泊期间,连续发出有效的响声

B. 在听到来船的雾号时,立即有间隔、急促地发出响声,直至他船驶过为止

C. 锚泊期间在易被看到的地方悬挂一盏明亮的白色环照灯,而无须发出声响信号

D. 在看到来船时,立即有间隔、急促地发出响声,直至来船在视线中消失为止

30. 在能见度不良的水域中,你船听到他船的声号是每次不超过 2min 的间隔鸣放二长声后又四短声,他船是________。

A. 引航船在锚泊中执行引航任务

B. 引航船对水移动执行引航任务

C. 引航船在航不对水移动执行引航任务

D. 以上都不对

31. 在能见度不良的水域,引航船当执行引航任务时,除鸣放规定的雾中声号外,还可鸣放的识别信号是________。

A. 四短声

B. 五短声

C. 一长声继以二短声

D. 一长声继以三短声

32. 下列哪种声号能被一艘在雾中锚泊的船选用?

A. 一长声

B. 二长声

C. 三短声

D. 四短声

33. 雾中执行引航任务的引航船,当在航已停车不对水移动时,应鸣放的声号

是________。

A. 一长声继以四短声

B. 二长声继以四短声

C. 一短、一长、一短声继以四短声

D. A、B 和 C 都不对

34. 长度 20m 或 20m 以上机动船的桅灯(如装设两盏桅灯则指前桅灯)垂向安置要求为________。

A. 船体以上高度应不小于 6m,不必大于 12m

B. 船体以上高度应不小于 4m,不必大于 8m

C. 船体以上高度应不小于 5m,不必大于 10m

D. 船体以上高度应不小于 3m,不必大于 6m

35. 在雾中,你听到二长声的雾号,则他船是________。

A. 操纵能力受到限制的船舶

B. 从事捕鱼的船舶锚泊时

C. 在航但已停车并不对水移动的机动船

D. 在航对水移动的机动船

36. 长度 100m 或 100m 以上的船舶,在雾中锚泊时应________。

A. 前部敲打号钟,后部急敲号锣,还可鸣放二长声

B. 前部敲打号钟,后部急敲号锣,还可鸣放一短、一长、一短声

C. 前部急敲号锣,后部敲打号钟,还可鸣放二长声

D. 前部急敲号锣,后部敲打号钟,还可鸣放一短、一长、一短声

37. 某船在雾中航行,听到一长声雾号显示在船首略偏右前方的方向,随后又听到该船的二长声雾号两次,某船应________。

A. 极慢车向左避让

B. 极慢车向右避让

C. 维持舵效,谨慎驾驶,必要时把船停住

D. 立即倒车把船停住

38. 一艘机动船在海上航行,在互见中分别与下列船舶相遇构成碰撞危险,则在下列哪种情况下,该船应保向保速?

A. 与右舷 60°方向驶近的在水面上的潜艇相遇

B. 与左舷 60°方向驶近的挂有球体、菱形体、球体三个垂直号型的他船相遇

C. 与正前方的帆船相遇

D. 与右舷 120°方向驶近的扬帆且在其前部显示一个尖端向下的圆锥体号型的船舶相遇

39. 能见度不良时,一艘拖船拖带三艘有船员的驳船航行,则中间一艘驳船应

鸣放的雾号是________。

A. 一长声

B. 一长声继以二短声

C. 一长声继以三短声

D. 不必鸣放雾号

三、习题答案

1. C;2. A;3. C;4. A;5. B;6. D;7. D;8. B;9. A;10. A;11. D;12. C;13. C;14. C;15. C;16. A;17. A;18. D;19. C;20. C;21. A;22. B;23. C;24. A;25. B;26. B;27. B;28. C;29. A;30. C;31. A;32. D;33. B;34. A;35. C;36. B;37. C;38. D;39. D。

第三十六条　招引注意的信号

如有必要招引他船注意,任何船舶可以发出灯光或声响信号,但这种信号应不致被误认为本规则其他条款所准许的任何信号,或者可用不致妨碍任何船舶的方式把探照灯的光束朝着危险的方向。任何招引他船注意的灯光,应不致被误认为是任何助航标志的灯光。为此目的,应避免使用诸如频闪灯这样高亮度的间歇灯或旋转灯。

一、《规则》条文与知识点解读

(一) 使用时机

(1) 招引注意信号包括灯光或声响信号,用于指引他船注意和避免某种情况或危险物。

(2) 招引注意信号既可针对本船情况发出,也可针对他船情况、其他情况或危险物等发出。其包括但不限于以下情况:

① 本船在走锚,需要其他船舶注意远离。

② 夜间本船断电无法显示规定的号灯,需要过往船舶注意本船的存在。

③ 本船发现存在妨碍航行的沉船,需要过往船舶注意和远离沉船。

④ 本船在舷外放置有作业工具,需要其他船舶注意远离避让。

⑤ 本船发生人员落水,正在机动救生,需要其他船舶注意避让。

⑥ 本船从事拖带,但无法显示规定的拖带号灯,需要表明本船与被拖船之间的关系并需要其他船舶注意到这一情况。

⑦ 本船采取他船不易识别的操纵或作业,需要过往船舶注意和远离本船。

⑧ 本船发现他船将面临航行和碰撞的危险,需要他船舶注意。

(二)注意事项

(1) 招引注意信号不强制使用,但从良好船艺或保持戒备考虑,应当积极予以使用。

(2) 招引他船注意的信号应满足以下条件:

① 不致被误认为本规则其他条款所准许的任何信号。

② 不致妨碍任何船舶的探照灯灯光。

③ 不致被误认为是任何助航标志的灯光。

在满足上述条件下,灯光或声响信号都可以使用,而且把探照灯的光束照向危险的方向也是经常采用的。但应避免使用频闪灯、高亮度的间歇灯和高亮度的旋转灯。

(3) 当看到或听到他船发出的招引注意信号时,不应向他船接近,而应积极对他船动态和航行环境等作出判断,并采取适当的航法。

第三十七条　遇险信号

船舶遇险并需要救助时,应使用或显示本规则附录四所述的信号。

第五章　豁　免

第三十八条　豁　免

在本规则生效之前安放龙骨或处于相应建造阶段的任何船舶(或任何一类船舶)只要符合《1960 年国际海上避碰规则》的要求,则可:

1. 在本规则生效之日后 4 年内,免除安装达到第二十二条规定能见距离的号灯。

2. 在本规则生效之日后 4 年内,免除安装符合本规则附录一第 7 款规定的颜色规格的号灯。

3. 永远免除由于从英制单位变换为米制单位以及丈量数字凑整而产生的号灯位置的调整。

4. (1)永远免除长度小于 150m 的船舶由于本规则附录一第 3 款第(1)项规定而产生的桅灯位置的调整。

(2)在本规则生效之日后 9 年内,免除长度为 150m 或 150m 以上的船舶由于本规则附录一第 3 款第(1)项规定而产生的桅灯位置的调整。

5. 在本规则生效之日后 9 年内,免除由于本规则附录一第 2 款第(2)项规定而产生的桅灯位置的调整。

6. 在本规则生效之日后 9 年内,免除由于本规则附录一第 2 款第(7)项和第 3 款第(2)项规定而产生的舷灯位置的调整。

7. 在本规则生效之日后 9 年内,免除本规则附录三对声号器具所规定的要求。

8. 永远免除由于本规则附录一第 9 款第(2)项规定而产生的环照灯位置的调整。

一、《规则》条文与知识点解读

(一) 豁免范围

(1) 享有豁免权的是在本规则生效之前安放龙骨或处于相应建造阶段的船舶。这些船舶可不执行本规则有关规定事项,具体豁免事项见以下介绍。如果安放龙骨或处于相应建造阶段是在本规则生效之后,则不能豁免。

(2) 豁免期限的起算日期为本规则生效之日。由于《1972年国际海上避碰规则》是于1977年7月15日生效的,因此,应从1977年7月15日开始起算。

(二) 4年内豁免

享有豁免权的船舶,在1981年7月15日之前,可免除以下事项:

(1) 免除所有船舶安装达到第二十二条规定能见距离的号灯。

(2) 免除所有船舶安装符合本规则附录一第7款规定的颜色规格的号灯。

(三) 9年内豁免

享有豁免权的船舶,在1986年7月15日之前,可免除以下事项:

(1) 免除长度为150m或150m以上的船舶由于本规则附录一第3款第(1)项规定而产生的桅灯位置的调整。

第3款第(1)项是对两盏桅灯水平间距的要求,即机动船两盏桅灯的水平间距应不小于船长的一半,但不必大于100m,并且,前桅灯离船首应不大于船长的1/4。

(2) 免除所有船舶由于本规则附录一第2款第(2)项规定而产生的桅灯位置的调整。

该项是对两盏桅灯垂向距离的要求,即在一切正常吃水差的情况下,机动船的两盏桅灯的垂向距离应满足从其船首1000m的海面观看时,能看出后灯在前灯的上方并且分开。

(3) 免除所有船舶由于本规则附录一第2款第(7)项和第3款第(2)项规定而产生的舷灯位置的调整。

第2款第(7)项是对舷灯安置高度的要求,即机动船的舷灯安置在船体以上的高度,应不超过前桅灯高度的3/4,并且,不应低到受甲板灯光的干扰。

第3款第(2)项是对舷灯安置高度的要求,即船长$L \geqslant 20$m的机动船,舷灯不应安置在前桅灯的前面,并且应安置在舷侧或接近舷侧处。

(4) 免除所有船舶本规则附录三对声号器具所规定的要求。

附录三对声号器具的规定主要包括:对号笛的方向性、安装和发出笛号的频率、可听距离的要求;对号钟、号锣的构造和声号的强度要求。

(四) 永久豁免

享有豁免权的船舶,可永远免除以下事项:

(1) 永远免除所有船舶由于从英制单位变换为米制单位以及丈量数字凑整而产生的号灯位置的调整。

(2) 永远免除长度小于150m的船舶由于本规则附录一第3款第(1)项规定而产生的桅灯位置的调整。

在"9年内豁免"已经提到,第3款第(1)项是对两盏桅灯水平间距的要求。综合对两盏桅灯水平间距的豁免规定可知,$L \geqslant 150$m的船舶为豁免9年,而$L<$

150m 的船舶为永久豁免。

(3) 永远免除所有船舶由于本规则附录一第 9 款第(2)项规定而产生的环照灯位置的调整。

第 9 款第(2)项是对环照灯的安装要求,即除锚灯外,应安置在被桅、顶桅或上层建筑物遮蔽不大于 6°水平光弧的位置;如果仅显示一盏无法符合上述要求,则应安装两盏,并应使其在 1n mile 处看上去像是一盏灯。

二、习题

1. 在《1972 年国际海上避碰规则》生效前安放龙骨或处于相应建造阶段的任何船舶,只要符合《1960 年国际海上避碰规则》的要求,则可永久免除________。

A. 安装达到《规则》规定能见距离的号灯

B. 安装符合《规则》规定的颜色规格的号灯

C. 由于《规则》规定而产生的桅灯位置的调整

D. 由于《规则》规定而产生的环照灯位置的调整

2. 遵照《规则》的豁免条款,下列规定中目前尚未超过豁免期的是________。

A. 免除安装达到第二十二条规定能见距离的号灯

B. 免除安装符合附录一第 7 款规定的颜色规格的号灯

C. 免除附录三对声号器具所规定的要求

D. A、B 和 C 都已超过豁免期

3. 遵照《规则》的豁免条款,下列规定中永久免除的是________。

A. 长度为 150m 或 150m 以上的船舶由于规则附录一第 3 款第(1)项规定而产生的桅灯位置的调整

B. 长度小于 150m 的船舶由于本规则附录一第 3 款第(1)项规定而产生的桅灯位置的调整

C. 由于从英制单位变换为米制单位以及丈量数字凑整而产生的号灯位置的调整

D. B 和 C 都是

三、习题答案

1. D;2. D;3. D。

《规则》附录

附录一　号灯和号型的位置和技术细节

1. 定义

“船体以上的高度”一词，指最上层连续甲板以上的高度。这一高度应从灯的位置垂直下方处量起。

2. 号灯的垂向位置和间距

（1）长度为 20m 或 20m 以上的机动船，桅灯应安置如下：

① 前桅灯，或如只装设一盏桅灯，则该桅灯在船体以上的高度应不小于 6m，如船的宽度超过 6m，则在船体以上的高度应不小于该宽度，但是该灯安置在船体以上的高度不必大于 12m；

② 当装设两盏桅灯时，后灯高于前灯的垂向距离应至少为 4.5m。

（2）机动船的两盏桅灯的垂向距离应是：在一切正常吃水差的情况下，当从距离船首 1000m 的海面观看时，应能看出后灯在前灯的上方并且分开。

（3）长度为 12m 或 12m 以上但小于 20m 的机动船，其桅灯安置在舷缘以上的高度应不小于 2.5m。

（4）长度小于 12m 的机动船，可以把最上面的一盏号灯装在舷缘以上小于 2.5m 的高度，但当除舷灯和尾灯之外还设有一盏桅灯或者除舷灯之外还设有第二十三条第 4 款第（1）项所规定的环照白灯时，则该桅灯或该环照白灯的设置至少应高于舷灯 1m。

（5）为从事拖带或顶推他船的机动船所规定的两盏或三盏桅灯中的一盏，应安置在前桅灯或后桅灯相同的位置。如果该灯装在后桅上，则该最低的后桅灯高于前桅灯的垂向距离应不少于 4.5m。

（6）①第二十三条第 1 款规定的桅灯，除本款第②小项所述外，应安置在高于并离开其他一切灯光和遮蔽物的位置上；

② 当在低于桅灯的位置上不可能装设第二十七条第 2 款第（1）项或第二十八条规定的环照灯时，这些环照灯可以装设在后桅灯上方或悬挂于前桅灯和后桅灯垂向之间，如属后一种情况，则应符合本附录第 3 款第（3）项的要求。

（7）机动船的舷灯安置在船体以上的高度，应不超过前桅灯高度的四分之三。

这些舷灯不应低到受甲板灯光的干扰。

(8) 长度小于 20m 的机动船的舷灯,如并为一盏,则应安置在低于桅灯不小于 1m 处。

(9) 当本规则规定垂直装设两盏或三盏号灯时,这些号灯的间距如下:

① 长度为 20m 或 20m 以上的船舶,这些号灯的间距应不小于 2m,而且除需要拖带号灯的情况外,这些号灯的最低一盏,应装设在船体以上高度不小于 4m 处。

② 长度小于 20m 的船舶,这些号灯的间距应不小于 1m,而且除需要拖带号灯的情况外,这些号灯的最低一盏,应装设在舷缘以上高度不小于 2m 处。

③ 当装设三盏号灯时,其间距应相等。

(10) 为从事捕鱼的船所规定的两盏环照灯的较低一盏,在舷灯以上的高度应不小于这两盏号灯垂向间距的 2 倍。

(11) 当装设两盏锚灯时,第三十条第 1 款第(1)项规定的前锚灯应高于后锚灯不小于 4.5m。长度为 50m 或 50m 以上的船舶,前锚灯应装设在船体以上高度不小于 6m 处。

3. 号灯的水平位置和间距

(1) 当机动船按规定有两盏桅灯时,两灯之间的水平距离应不小于船长的一半,但不必大于 100m。前桅灯应安置在离船首不大于船长的四分之一处。

(2) 长度为 20m 或 20m 以上的机动船,舷灯不应安置在前桅灯的前面。这些舷灯应安置在舷侧或接近舷侧处。

(3) 当第二十七条第 2 款第(1)项或第二十八条规定的号灯设置在前桅灯和后桅灯垂向之间时,这些环照灯应安置在与该首尾中心线正交的横向水平距离不小于 2m 处。

(4) 当机动船按规定仅有一盏桅灯时,该灯应在船中之前显示;长度小于 20m 的船舶不必在船中之前显示该灯,但应在尽可能靠前的位置上显示。

4. 渔船、疏浚船及从事水下作业船舶的示向号灯的位置细节

(1) 从事捕鱼的船舶,按照第二十六条第 3 款第(2)项规定用以指示船边外伸渔具的方向的号灯,应安置在离开那两盏环照红和白灯不小于 2m 但不大于 6m 的水平距离处。该号灯的安置应不高于第二十六条第 3 款第(1)项规定的环照白灯但也不低于舷灯。

(2) 从事疏浚或水下作业的船舶,按照第二十七条第 4 款第(1)项和第(2)项规定用以指示有障碍物的一舷和(或)能安全通过的一舷的号灯和号型,应安置在离开第二十七条第 2 款第(1)项和第(2)项规定的号灯和号型实际可行的最大距离处,但决不应小于 2m。这些号灯或号型的上面一个的安置高度决不高于第二十七条第 2 款第(1)项和第(2)项规定的三个号灯或号型中的下面一个。

5. 舷灯遮板

长度在 20m 或 20m 以上的船舶的舷灯,应装有无光黑色的内侧遮板,并符合本附录第 9 款的要求。长度小于 20m 的船舶的舷灯,如须为符合本附录第 9 款的要求,则应装设无光黑色的内侧遮板。用单一直立灯丝并在绿色和红色两部分之间有一条很窄分界线的合座灯,可不必装配外部遮板。

6. 号型

(1) 号型应是黑色并具有以下尺度:

① 球体的直径应不小于 0.6m;

② 圆锥体的底部直径应不小于 0.6m,其高度应与直径相等;

③ 圆柱体的直径至少为 0.6m,其高度应两倍于直径;

④ 菱形体应由两个本款第②小项所述的圆锥体以底相合组成。

(2) 号型间的垂直距离应至少为 1.5m。

(3) 长度小于 20m 的船舶,可用与船舶尺度相称的较小尺度的号型,号型间距亦可相应减少。

7. 号灯的颜色规格

所有航海号灯的色度应符合下列标准,这些标准是包括在国际照明委员会(CIE)为每种颜色所规定的图解区域界限以内的。

每种颜色的区域界限是用折角点的坐标表示的,这些坐标如下:

(1) 白色。

x	0.525	0.525	0.452	0.310	0.310	0.443
y	0.382	0.440	0.440	0.348	0.283	0.382

(2) 绿色。

x	0.028	0.009	0.300	0.203
y	0.385	0.723	0.511	0.356

(3) 红色。

x	0.680	0.660	0.735	0.721
y	0.320	0.320	0.265	0.259

(4) 黄色。

x	0.612	0.618	0.575	0.575
y	0.382	0.382	0.425	0.406

8. 号灯的发光强度

(1) 号灯的最低发光强度应用下述公式计算:

$$I = 3.43 \times 10^6 TD^2K^{-D}$$

式中:I 为在常用的情况下以坎(cd)为单位计算的发光强度;T 为临阈系数 2×10^{-7} 勒克斯(lx);D 为号灯的能见距离(照明距离),以海里(n mile)为单位计算;K 为大气透射率。用于规定的号灯，K 值应是 0.8，相当于约 13n mile 的大气能见度。

(2) 从上述公式导出的数值选例如下：

号灯的能见距离(照明距离) D /n mile	$K=0.8$ 时号灯的发光强度 I[①] /cd
1	0.9
2	4.3
3	12
4	27
5	52
6	94

①航海号灯的最大发光强度应予限制，以防止过度的光耀，但不应该使用发光强度可变控制的办法。

9. 水平光弧

(1) ①船上所装的舷灯，在朝前的方向上，应显示最低要求的发光强度，发光强度在规定光弧外的 1°~3°，应减弱以达到切实断光。

② 尾灯和桅灯，以及舷灯在正横后 22.5°处，应在水平弧内保持最低要求的发光强度，直到第二十一条规定的光弧界限内 5°。从规定的光弧内 5°起，发光强度可减弱 50%，直到规定的界限；然后，发光强度应不断减弱，以达到在规定光弧外至多 5°处切实断光。

(2) ①环照灯应安置在不被桅、顶桅或上层建筑物遮蔽大于 6°角光弧的位置上，但第三十条规定的锚灯除外，锚灯不必安置在船体以上不切实际的高度；

② 如果仅显示一盏环照灯无法符合本款第(2)项第①小项的要求，则应使用两盏环照灯，固定于适当位置或用挡板遮挡，使其在 1n mile 距离上尽可能像是一盏灯。

10. 垂向光弧

(1) 所装电气号灯的垂向光弧，除在航帆船的号灯外，应保证：

① 从水平上方 5°到水平下方 5°的所有角度内，至少保持所要求的最低发光强度；

② 从水平上方 7.5°到水平下方 7.5°，至少保持所要求的最低发光强度的 60%。

(2) 在航帆船所装电气号灯的垂向光弧，应保证：

① 从水平上方 5°到水平下方 5°的所有角度内，至少保持所要求的最低发光强度；

② 从水平上方 25°到水平下方 25°，至少保持所要求的最低发光强度的 50%。

(3) 电气号灯以外的号灯应尽可能符合这些规格。

11. 非电气号灯的发光强度

非电气号灯应尽可能符合本附录第 8 款表中规定的最低发光强度。

12. 操纵号灯

尽管有本附录第 2 款第(6)项规定,第三十四条第 2 款所述的操纵号灯应安置在一盏或多盏桅灯的同一首尾垂直面上,如可行,操纵号灯应高于前桅灯的垂向距离至少为 2m,但该灯的装设应高于或低于后桅灯的垂向距离不小于 2m。只装设一盏桅灯的船舶,如装有操纵号灯,则应将其装设在与桅灯的垂向距离不小于 2m 的最易见处。

13. 高速船

(1) 高速船的桅灯可置于低于本附录第 2 款第(1)项第①小项规定的相应于船宽的高度上,但由舷灯和桅灯形成的等腰三角形的底角,在正视时不应小于 27°。

(2) 长度为 50m 或 50m 以上的高速船上,本附录第 2 款第(1)项第②小项所要求的前桅灯和主桅灯之间 4.5m 的垂向距离可以修改,但此距离应不少于下列公式规定的数值:

$$y = \frac{(a + 17\psi)}{1000}C + 2$$

式中:y 为主桅灯高于前桅灯的高度(m);a 为航行状态下前桅灯高于水面的高度;ψ 为航行状态下的纵倾(°);C 为桅灯的水平距离(m)。

14. 认可

号灯和号型的构造以及号灯在船上的安装,应符合船旗国的有关主管机关的要求。

一、《规则》条文与知识点解读

附录一中的内容比较多,比较杂,也比较重要。在理解相关规定时,应知道“船体以上的高度”的定义,即是指最上层连续甲板以上的高度。

(一) 桅灯安置

(1) 机动船的桅灯,应安置在高于并离开其他一切灯光和遮蔽物的位置上。但操纵能力受到限制的船舶和限于吃水的船舶的环照灯不可能装设在低于桅灯时,以及操纵号灯除外。

(2) $L \geqslant 20$m 的机动船的前桅灯或只装设一盏桅灯,在船体以上的高度应不小于 6m,但不必大于 12m。

(3) $L \geqslant 20$m 的机动船,后桅灯高于前桅灯的垂向距离应至少为 4.5m。

(4) 机动船的前后桅灯的垂向距离,当从距离船首 1000m 处看时,应能看出后灯在前灯的上方并且分开。

(5) 12m≤L<20m 的机动船,桅灯安置在舷缘以上的高度应不小于 2.5m。

(6) L<12m 的机动船,桅灯安置在舷缘以上的高度可以小于 2.5m,但至少应高于舷灯 1m。如果设有一盏环照白灯而不设置桅灯,当也设有舷灯时,则该环照白灯应高于舷灯至少 1m。

(7) 拖带或顶推的机动船的两盏或三盏桅灯,可安置在前桅,也可安置在后桅。如果安置在后桅,则最低的后桅灯高于前桅灯的垂向距离应不少于 4.5m。

(8) 拖带或顶推的机动船的两盏或三盏桅灯,当 L≥20m 时,各灯间距应不小于 2m;当 L<20m 时,各灯间距应不小于 1m。三盏桅灯时,各灯间距应相等。

(9) 高速船的前桅灯或只装设一盏桅灯,既可按对 L≥20m 的机动船的前桅灯或只装设一盏桅灯的规定设置,也可以设置在相应于船宽的高度,但由舷灯和桅灯形成的等腰三角形的底边角,在正视时不应小于 27°。

(10) L≥50m 的高速船,前桅灯和主桅灯之间的垂向距离应至少为 4.5m,也可用公式计算。

(11) 当机动船装设两盏桅灯时,两灯之间的水平距离应不小于船长的一半,但不必大于 100m。前桅灯离船首应不大于船长的 1/4。

(12) 当机动船只有一盏桅灯时,如果 L≥20m,则应在船中之前显示;如果 L<20m,则不必在船中之前显示,但应在尽可能靠前的位置上显示。

(13) 在正横后 22.5°处,桅灯的发光强度允许向后延伸 5°,并在规定光弧外至多 5°处切实断光。在其他方向上,应保持最低要求的发光强度。

(二) 舷灯安置

(1) 机动船的舷灯安置在船体以上的高度,应不超过前桅灯高度的 3/4。

(2) L<20m 的机动船,如舷灯并为一盏,应低于桅灯并且不小于 1m,并应装设于船的首尾中心线上。

(3) 舷灯的内侧遮板应为无光黑色。

(4) L≥20m 的机动船,舷灯应安置在舷侧或接近舷侧处,并且不应在前桅灯的前面。

(5) 在朝前的方向上,舷灯的发光强度,应在规定光弧外的 1°~3°减弱以达到切实断光。

(6) 在正横后 22.5°处,舷灯的发光强度允许向后延伸 5°,并在规定光弧外至多 5°处切实断光。

(三) 尾灯安置

(1) 尾灯应尽可能安置在接近船尾。

(2) 在正横后 22.5°处,尾灯的发光强度允许向前延伸 5°,并在规定光弧外至多 5°处切实断光。

(四) 环照灯安置

(1) 垂直装设的两盏或三盏环照灯,当 $L \geqslant 20$m 时,各灯间距应不小于 2m,最低一盏在船体以上高度不小于 4m;当 $L<20$m 时,各灯间距应不小于 1m,最低一盏在船体以上高度不小于 2m。垂直装设三盏时,各灯间距应相等。

(2) 操纵能力受到限制的船舶和限于吃水的船舶的环照灯,通常应置于前桅灯下方。当不可能装设在低于桅灯时,可设置在后桅灯之上,也可设置在前桅灯和后桅灯垂向之间,但如果安置在前后桅灯之间,则离开首尾中心线横向距离应不小于 2m。

(3) 从事捕鱼的船舶的两盏垂直环照灯的较低一盏,在舷灯以上的高度应不小于这两盏号灯垂向间距的 2 倍。

(4) 从事捕鱼的船舶(非拖网作业)用以指示外伸渔具方向的环照白灯,离开两盏垂直环照红灯和白灯的水平横向距离应不小于 2m,但不大于 6m,并且还应不高于“上红下白”环照灯中的环照白灯和不低于舷灯。

(5) 从事疏浚或水下作业的船舶,用以指示有障碍物的一舷和能安全通过的一舷的号灯和号型(垂直两盏环照红灯、垂直两盏环照绿灯、垂直两个球体、垂直两个菱形体),离开垂直红、白、红环照灯和垂直球体、菱形体、球体号型的水平距离应尽量大,并且不应小于 2m;这些垂直两盏(个)号灯和号型,上面一盏(个)的高度不应高于垂直红、白、红环照灯和垂直球体、菱形体、球体号型中的下面一盏(个)。

(6) 除锚灯外,环照灯被桅、顶桅或建筑物遮蔽的光弧不应大于 6°。

(五) 锚灯安置

(1) 当装设两盏锚灯时,前锚灯应高于后锚灯不小于 4.5m,并且,$L \geqslant 50$m 的船舶,前锚灯在船体以上高度应不小于 6m。

(2) 前锚灯应装设在船的前部,后锚灯应装设在船尾或接近船尾处。

(3) 如果只装设一盏锚灯,则应装设在最易见处。

(六) 操纵号灯安置

(1) 操纵号灯应安置在一盏或多盏桅灯的同一首尾垂直面上。

(2) 如可行,操纵号灯应高于前桅灯至少 2m,应高于或低于后桅灯不小于 2m。只装设一盏桅灯时,应高于或低于桅灯不小于 2m。

(七) 号型的规格与设置

(1) 号型应是黑色的,包括球体、圆锥体、圆柱体和菱形体。

(2) $L \geqslant 20$m 的船舶,球体的直径应不小于 0.6m;圆锥体的底部直径应不小于 0.6m,高度应与直径相等;圆柱体的直径至少为 0.6m,高度应为直径的两倍;菱形体应由上述两个圆锥体以底相合组成。$L<20$m 的船舶,号型的尺度可适当减小。

(3) 当垂直悬挂两个或三个号型时,$L \geqslant 20$m 的船舶,号型间的垂直距离应至少为 1.5m;$L<20m$ 的船舶,当使用尺度较小的号型时,号型间的垂直距离可相应减少。

(八) 其他要求

(1) 航海号灯的最大发光强度应予限制,不可过度光耀。

(2) 号灯和号型的构造以及号灯在船上的安装,应符合船旗国的有关主管机关的要求。

二、习题

1. 船体以上高度是指________。

A. 水面以上的高度

B. 水线以上的高度

C. 最上层连续甲板以上的高度

D. 船缘以上的高度

2. 船体以上高度是指________。

A. 主甲板以上的高度

B. 最上层统长连续甲板以上的高度

C. 号灯与水线间的垂直距离

D. 干舷以上的高度

3. $L \geqslant 20m$ 的机动船________。

A. 前桅灯的高度应≥6m,不必大于 12m

B. 前桅灯的高度应>6m,不必大于 10m

C. 前桅灯的高度应不小于船宽

D. 前桅灯的高度应大于 15m

4. 当船舶装设两盏桅灯和两盏锚灯时________。

A. 后桅灯高于前桅灯的垂向距离应至少为 4.5m

B. 前锚灯高于后锚灯的垂向距离应不小于 4.5m

C. A 和 B 都对

D. A 和 B 都不对

5. 在海上,你船在正前方看见一艘前、后桅灯成一直线的机动船,开始看见其前桅灯在后桅灯的下方且分开,此时两船的距离约是________。

A. 1000m

B. 2000m

C. 3000m

D. 6000m

6. 机动船的舷灯安装在船体以上的高度应不超过________。

A. 前桅灯高度的 2/3

B. 后桅灯高度的 2/3

C. 前桅灯高度的 3/4

D. 后桅灯高度的 3/4

7. 船长为 20m 及以上的船舶垂直装设两盏或三盏号灯时,这些号灯的间距应不小于________。

A. 1m

B. 0. 9m

C. 2m

D. 4m

8. 船长为 20m 及以上的船舶垂直装设两盏或三盏号灯时,这些号灯的间距________。

A. 应不小于 2m

B. 应不大于 2m

C. 应处于 1~2m

D. 应大于 2m

9. 长度为 50m 及以上的船舶,前锚灯应装设在船体以上高度不小于________。

A. 2. 5m 处

B. 4. 5m 处

C. 6m 处

D. 以上都不对

10. 机动船按规定装设两盏桅灯时,前桅灯安置在下列哪个位置是错误的?

A. 离船首的距离是船长的 1/5

B. 离船首的距离是船长的 1/4

C. 离船首的距离大于船长的 1/4

D. A 和 C 都不对

11. 长度为 20m 及以上船舶的舷灯内侧遮板应是________。

A. 有光黑色

B. 无光黑色

C. 左红右绿

D. 右红左绿

12. 长度为 20m 及以上船舶,号型间的垂直距离应至少为________。

A. 0. 5m

B. 1m

C. 1.5m

D. 2m

13. 船上所装的舷灯,在朝前的方向上发光强度规定光弧外的何处应减弱达到切实断光?

A. 0°处

B. 0°~1°

C. 1°~3°

D. 3°~5°

14. 发光强度在规定的水平光弧外的1°~3°应切实断光的是________。

A. 桅灯

B. 舷灯在朝前方向上

C. 尾灯

D. 舷灯在朝正横后22.5°处

15. 舷灯的水平光弧________。

A. 在朝前方向上,可延伸至规定光弧外3°

B. 在朝前方向上,可延伸至规定光弧外1°~3°

C. 在正横后22.5°处,可延伸至规定光弧外10°

D. 在正横后22.5°处,可延伸至规定光弧内5°

16. 下述提法正确的是________。

A. 操纵号灯应高于前桅灯的垂向距离至少为2m

B. 操纵号灯应高于或低于后桅灯的垂向距离不小于2m

C. A和B都对

D. A和B都不对

17. 声号器具的构造性能及其在船上的安装细则,应符合下述哪一机构的要求?

A. 船舶经营人

B. 船舶所有人

C. 船旗国的有关主管机关

D. IMO的有关主管机关

三、习题答案

1. C;2. B;3. A;4. C;5. A;6. C;7. C;8. A;9. C;10. C;11. B;12. C;13. B;14. B;15. B;16. C;17. C。

附录二　在相互邻近处捕鱼的渔船额外信号

1. 通则

本附录中所述的号灯,如为履行第二十六条第 4 款而显示时,应安置在最易见处。这些号灯的间距至少应为 0.9m,但要低于第二十六条第 2 款第(1)项和第 3 款第(1)项规定的号灯。这些号灯,应能在水平四周至少 1n mile 的距离上被见到,但应小于本规则为渔船规定的号灯的能见距离。

2. 拖网渔船的信号

(1) 长度等于或大于 20m 的船舶在从事拖网作业时,不论使用海底还是深海渔具,应显示:

① 放网时,垂直两盏白灯;

② 起网时,垂直两盏灯,上白下红灯;

③ 网挂住障碍物时,垂直两盏红灯。

(2) 长度等于或大于 20m、从事对拖网作业的每一船应显示:

① 在夜间,朝着前方并向本对拖网中另一船的方向照射的探照灯;

② 当放网或起网或网挂住障碍物时,按本附录第 2 款第(1)项规定的号灯。

(3) 长度小于 20m、从事拖网作业的船舶,不论使用海底或深海渔具还是从事对拖网作业,可视情显示本款第(1)项或第(2)项中规定的号灯。

3. 围网船的信号

从事围网捕鱼的船舶,可垂直显示两盏黄色号灯。这些号灯应每秒交替闪光一次,而且明暗历时相等。这些号灯仅在船的行动为其渔具所妨碍时才可显示。

一、《规则》条文与知识点解读

(一) 额外信号总体要求

(1) 渔船的额外信号只有额外号灯,没有额外号型,与第二十六条规定的号灯和号型具有同等的地位。

(2) 额外号灯是在显示第二十六条规定的号灯和号型前提下,再增加显示,不能代替,并且应安置在最易见处。

(3) 船舶当在其他捕鱼船舶邻近处从事捕鱼作业时,才应显示额外号灯,否则不应显示。

(4) 额外号灯应能在水平四周至少 1n mile 的距离上被见到,但应小于第二十六条规定的号灯的能见距离。

(5) 额外号灯中各灯的间距至少应为 0.9m,并应低于第二十六条规定的垂直两盏环照灯。

（二）额外号灯显示方法

（1）$L \geqslant 20\text{m}$ 的船舶从事拖网作业时，不论使用海底还是深海渔具，应显示：

① 放网时，显示垂直两盏白灯。

② 起网时，显示垂直上白下红灯。

③ 当网具挂住障碍物时，显示垂直两盏红灯。

④ 当从事对拖网作业，还应用探照灯向前方和本对拖网中另一船的方向照射。

（2）$L<20\text{m}$ 的船舶从事拖网作业时，可视情显示上述号灯。

（3）从事围网捕鱼的船舶，不显示上述额外号灯，但是，当船舶的行动受到渔具妨碍时，可以显示每秒闪光一次、明暗相等的垂直两盏黄色号灯。如果船舶行动不受渔具妨碍，则不应显示。

二、习题

1. 拖网船当从事底拖放网时（在相互邻近处捕鱼），可显示________。

A. 垂直两盏白灯

B. 垂直两盏红灯

C. 垂直两盏上白下红灯

D. 垂直两盏上红下白灯

2. 附图 2-1 所示的一组号灯应当是________。

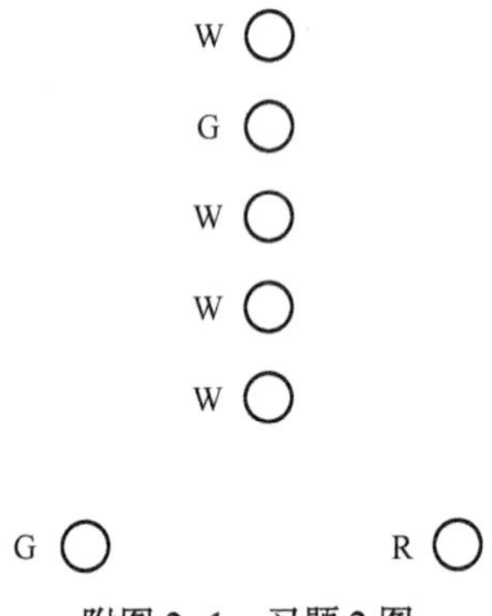

附图 2-1　习题 2 图

A. 长度大于 50m 从事拖网捕鱼的船起网时

B. 从事拖网捕鱼的船放网时

C. 从事拖网捕鱼的船网挂住障碍物时

D. 从事围网捕鱼的船

3. 附图 2-2 所示的一组号灯应当是________。

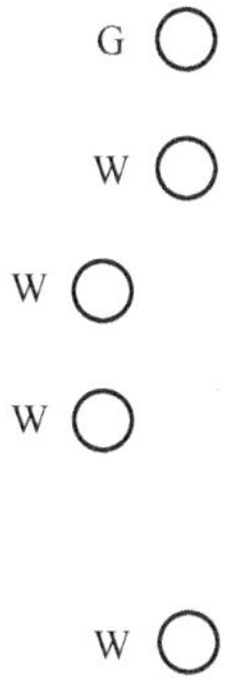

G

W

W

W

W

附图 2-2　习题 3 图

A. $L<50$m 的拖网渔船在航不对水移动正在放网时
B. $L\geqslant 50$m 的围网渔船,外伸渔具水平距离大于 150m
C. 在航中对水移动,正在放网的拖网渔船
D. $L\geqslant 50$m,拖带长度$\leqslant 200$m 的拖带船
4. 船舶用底拖渔具从事拖网捕鱼,起网时可显示________。
A. 垂直两盏环照白灯
B. 上红下白环照灯
C. 垂直两盏环照红灯
D. 上白下红环照灯
5. 当你看到附图 2-3 所示的号灯时,表示该船是________。

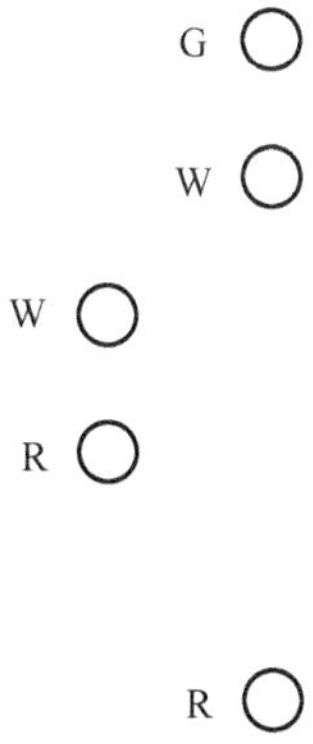

G

W

W

R

R

附图 2-3　习题 5 图

A. 从事非拖网作业的渔船,其渔具外伸大于 150m 时
B. 执行引航任务的船舶

C. 相互邻近拖网作业船

D. 帆船

6. 附图 2-4 所示的一组号灯应当是________。

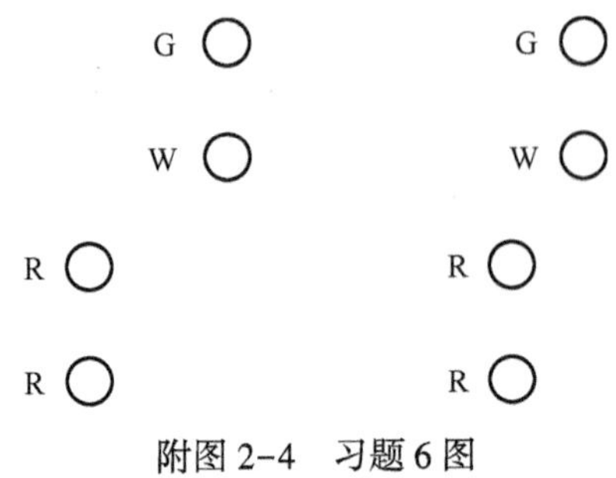

附图 2-4　习题 6 图

A. 锚泊中的拖网船队

B. 搁浅中的拖网船队

C. 网具被礁石挂住时的拖网船队

D. 从事拖网作业的拖船队

三、习题答案

1. A;2. B;3. D;4. D;5. C;6. C。

附录三　声号器具的技术细节

1. 号笛

1) 频率和可听距离

笛号的基频应在 70~700Hz 的范围内。

笛号的可听距离应通过其频率来确定,这些频率可包括基频和(或)一种或多种较高的频率,并具下文本款第(3)项规定的声压级。对于长度为 20m 或 20m 以上的船舶,频率范围为 180~700Hz(±1%),对于长度为 20m 以下的船舶,频率范围为 180~2000Hz(±1%)。

2) 基频的界限

为保证号笛的多样特性,号笛的基频应介于下列界限以内:

(1) 70~200Hz,用于长度大于等于 200m 的船舶;

(2) 130~350Hz,用于长度大于等于 75m 但小于 200m 的船舶;

(3) 250~700Hz,用于长度小于 75m 的船舶。

3）笛号的声强和可听距离

船上所装的号笛，在其最大声强方向上，距离 1m 处，在频率为 180～700Hz（±1%）（长度 20m 或 20m 以上的船舶）或 180～2100Hz（±1%）（长度 20m 以下的船舶）范围内的至少一个 1/3 倍频带中，应具有不小于下表所规定相应数值的声压级。

船舶长度/m	1/3 倍频带声压级（距离 1m，相对于 $2\times10^{-5}(N/m^2)$）/dB	可听距离 /n mile
$L\geqslant200$	143	2
$75\leqslant L<200$	138	1.5
$20\leqslant L<75$	130	1
<20	120① 115② 111③	0.5

① 当量测频率在 180～450Hz 时。

② 当量测频率在 450～800Hz 时。

③ 当量测频率在 800～2100Hz 时。

上表中的可听距离是参考性的而且是在号笛的前方轴线上，于无风条件下，有 90%的概率可以被有一般背景噪声级（用中心频率为 250Hz 的倍频带时取 68dB，用中心频率为 500Hz 的倍频带时取 63dB）的船上收听点听到的大约距离。

实际上，号笛的可听距离极易变化，而且主要取决于天气情况，所订数值可作为典型性的，但在强风或在收听点周围有高噪声级的情况下，距离可大大减小。

4）方向性

方向性号笛的声压级，在轴线上±45°内的任何水平方向上，比轴线上的规定声压级至多只应低 4dB，在任何其他水平方向上的声压级，比轴线上的规定声压级至多只应低 10dB，以使任何方向上的可听距离至少是轴线前方上可听距离的一半。声压级应在决定可听距离的那个 1/3 倍频带中测定。

5）号笛的安置

当方向性号笛作为船上唯一的号笛使用时，其安装应使最大声强朝着正前方。

号笛应安置在船上尽可能高的地方，使发出的声音少受遮蔽物的阻截，并使人员听觉受损害的危险降到最低限度。在船上收听点听到本船声号的声压级不应超过 110dB（A），并应尽可能不超过 100dB（A）。

6）一个以上号笛的配置

如各号笛配置的间距大于 100m，则应作出安排使其不致同时鸣放。

7）组合号笛系统

如果由于遮蔽物的存在，以致单一号笛或本款第（6）项所指号笛之一的声场可能有一个信号级大为减低的区域时,建议用一组合号笛系统以克服这种减低。就本规则而言,组合号笛系统作为单一号笛。联合系统中各号笛的间距应不大于100m,并应作出安排使其同时鸣放。任一号笛的频率应与其他号笛频率至少相差10Hz。

2. 号钟和号锣

1) 声号的强度

号钟、号锣或其他具有类似声音特性的器具所发出的声压级,在距它1m处,应不少于110dB。

2) 构造

号钟和号锣应用抗蚀材料制成,其设计应能使之发出清晰的音调。长度为20m或20m以上的船舶,号钟口的直径应不小于300mm。如可行,建议用一个机动钟锤,以保证敲力稳定,但仍应可能用手操作,钟锤的质量应不小于号钟质量的3%。

3. 认可

声号器具的构造性能及其在船上的安装,应符合船旗国的有关主管机关的要求。

一、《规则》条文与知识点解读

附录三的要求比较多,重点应掌握与船舶实践工作关系相对密切的以下内容:

(1) 船舶的长度不同,其号笛的基频界限也不同,船舶长度越大,则基频越低。

(2) 船舶的长度不同,其笛号的可听距离也不同,船舶长度越大,笛号的可听距离越大。

(3) 在无风和一般背景噪声条件下,在号笛的前方轴线上,笛号的最大可听距离为不小于2n mile,最小可听距离为不小于0.5n mile。但在强风或在收听点周围有高噪声级的情况下,可听距离大大减小。

(4) 在号笛轴线以外的水平方向上,笛号的最大可听距离会减小,但在任何方向上至少是轴线前方可听距离的一半。

(5) 号笛应安置在船上尽可能高的地方,并应使最大声强朝着正前方。

(6) 当船上安装一个以上号笛,如果各号笛的间距大于100m,则不应同时鸣放。

(7) 联合号笛系统中各号笛的间距应不大于100m,并应同时鸣放。

(8) 声号器具的构造性能及其在船上的安装,应符合船旗国有关主管机关的要求。

二、习题

1. 为保证号笛的多样特性，用于长度为200m及以上的船舶号笛的基频应介于________。

A. 108~700Hz

B. 250~700Hz

C. 130~350Hz

D. 70~200Hz

三、习题答案

1. D。

附录四　遇 险 信 号

1. 下列信号，不论是一起或分别使用或显示，均表示遇险需要救助：

（1）每隔约1min鸣炮或燃放其他爆炸信号一次。

（2）以任何雾号器具连续发声。

（3）以短的间隔，每次放一个抛射红星的火箭或信号弹。

（4）无线电报或任何其他通信方法发出莫尔斯码组…———…（SOS）的信号。

（5）无线电话发出“梅代”（MAYDAY）语言的信号。

（6）《国际简语信号规则》中表示遇险的信号N.C.。

（7）由一面方旗放在一个球体或任何类似球形物体的上方或下方所组成的信号。

（8）船上的火焰（如从燃着的柏油桶、油桶等发出的火焰）。

（9）降落伞式火箭或手持式的红色突耀火光。

（10）放出橙色烟雾的信号。

（11）两臂侧伸，缓慢而重复地上下摆动。

（12）通过数字选择性呼叫（DSC）在以下频道上发送的遇险报警：

① VHF70频道；

② MF/HF频率为2187.5kHz、8414.5kHz、4207.5kHz、6312kHz、12577kHz或16804.5kHz。

（13）通过国际海事卫星（Inmarsat）站或其他移动卫星服务供应商提供的船舶地面站发送的船岸遇险报警。

（14）由应急无线电示位标发出的信号。

(15) 无线电通信系统发出的经认可的信号,包括救生艇筏雷达应答器。

2. 除为表示遇险需要救助外,禁止使用或显示上述任何信号,并禁止使用可能与上述任何相混淆的其他信号。

3. 应注意《国际信号规则》和《商船搜寻和救生手册》的有关部分,以及下述的信号:

(1) 一张橙色帆布上带有一个黑色正方形和圆圈或者其他合适的符号(供空中识别);

(2) 海水染色标志。

一、《规则》条文与知识点解读

《规则》附录四中所列的遇险信号都应掌握。在理解和使用时应注意以下各点:

(1) 遇险信号不是船舶避碰的信号,仅表示遇险并需要救助,因此,应在船舶遇险并需要救助时使用。如果遇险但不需要救助不应使用。

(2) 上述遇险信号包括视觉信号、听觉信号和无线电信号等,各种遇险信号可以单独使用或显示,也可以同时使用或显示。

(3) 各类信号应适时使用,不要无必要使用。例如,视觉和听觉信号应在附近有飞机或船舶时使用。

二、习题

1. 下列信号中,属于遇险信号的是________。

A. 由无线电应急示位标发出的信号

B. 两臂侧伸,缓慢而重复地上下摆动

C. 以雾号器具连续发声

D. A、B 和 C 都对

2. 下列哪种信号不属于遇险信号?

A. 至少五次短而急的闪光

B. 国际简码组 N. C

C. 两臂侧伸,上下摆动

D. 橙色烟雾信号

3. 船舶使用的号型应具有什么尺度?

A. 球体的直径应不小于 0.6m

B. 圆锥体的底部直径应不小于 0.6m,其高度应与直径相等

C. 圆柱体的直径至少应为 0.6m,其高度应 2 倍于直径

D. 以上都对

4. 长度小于 50m 但大于或等于 20m 的机动船按规定仅有一盏桅灯时，则该桅灯应在何处显示？

A. 船中

B. 船中之前

C. 船中之后

D. 舷灯之前

5. 当船舶装设两盏锚灯时，前锚灯应高于后锚灯不小于________。

A. 5m

B. 4.5m

C. 4m

D. 3.5m

6. 船舶尾灯应安置在________。

A. 船尾 1/100 船长处

B. 尽可能接近船尾处

C. 船尾 1/50 船长处

D. 船尾 1/80 船长处

7.《规则》规定号型应是黑色球体、圆锥体和圆柱体，其直径应________。

A. 不小于 0.6m

B. 不小于 0.5m

C. 不小于 0.8m

D. 不小于 1.0m

8. 下列哪项不是遇险信号？

A. 以任何雾号器具连续发声

B. 两臂侧伸，缓慢而重复地上下摆动

C. 每隔 1min 鸣放四短声

D. 由一面方旗放在一个球体的上方所组成的信号

9. 下列哪种信号不是遇险信号？

A. 帆船利用探照灯照亮其帆

B. 船舶施放橙色烟雾信号

C. 船舶悬挂一面方旗在一个球体的上方所组成的信号

D. B 和 C 是

10. 船舶在遇险并需要求助时，应如何使用遇险信号？

A. 各种遇险信号可以合并使用

B. 各种遇险信号可以单独使用

C. 按《规则》附录四的顺序使用遇险信号

D. A 和 B 对

三、习题答案

1. D;2. A;3. D;4. B;5. B;6. B;7. A;8. C;9. A;10. D。